중국어 회화 학습법

중국어 회화 학습법

이형란 글

시사중국어사

이 책이 필요한 경우

□ 중문과 학생이다, 어차피 중국어를 피해갈 순 없다.

□ 중국으로 발령 받았다. 중국어가 발등에 떨어진 불이다.

□ 중문과를 졸업하거나 중국으로 어학연수를 다녀온 적이 있지만, 중국어를 잘 못해서 중국어 이야기만 나오면 자꾸 주눅이 든다.

□ 특별한 계획이 있는 것은 아니지만 중국 어학연수나 교환학생 정보를 찾아본 적 있다.

□ 꼭 등록할 것도 아닌데 매달 중국어 학원 시간표를 챙겨본다.

□ 중국어 학원이나 인터넷 강의에 세 번 이상 등록해본 적 있다.

□ 명동이나 지하철 등에서 중국어가 들리면 가슴이 뛰고 내가 통역해줄 실력이면 좋겠다 하고 아쉬운 마음이 든다.

□ 자막 있는 중국 영화나 드라마를 보면서 언젠가는 꼭 원어로 시원하게 들어야지 다짐한 적이 있다.

□ 중국이나 대만으로 여행갈 때 일상회화는 꼭 중국어로 의사소통해야지 하고 마음 먹어본 적 있다.

□ 형편없는 중국어 실력에 속상해서 고민해본 적 있다.

★위 목록 중 세 개 이상 항목에 해당되면 이 책의 학습 처방전이 필요합니다.

중국어를 해야만 한다면,
효율적으로, 똑똑하게!

한국인이 유학을 가장 많이 가는 나라가 2016년에 처음으로 미국에서 중국으로 바뀌었다고 한다.* 20년 전 중문과 졸업생들도 다시 중국어를 하기 위해 학원을 찾고, 취업 준비를 위해 학원을 그만뒀던 학생들도 취업한 후에는 다시 중국어 학원을 찾는다. 취업은 영어 점수를 가지고 해도 회사 업무는 중국어로 하는 시대가 되었기 때문이다. 중국어 회화를 해야 하고, 하고 싶어 하는 사람들이 늘어난다는 것은 부인할 수 없는 사실이다.

중국어 강사로 일하다 보니 어떻게 하면 중국어 회화를 잘할 수 있냐는 질문을 한 달에도 여러 번 받는다. 알고 있는 정답은 있지만, 대답은 늘 머뭇거려진다. 대답해줘도 그대로 할 것 같지 않고, 또 가끔은 "지금

---

* 연수 포함(어학연수 등의 각종 연수 65%)

하고 있는, 열심히 쓰고 읽는 학습방법은 별로 효과적이 아니에요” 하고 이야기하면 상처받는 수강생들도 있기 때문이다. 적게 먹고 많이 움직이면 당연히 살이 빠지는 것처럼, 준비된 주제로 일주일에 세 번 이상, 한 번에 1시간씩 회화를 하고, 주 6일은 하루 30분 이상씩 섀도잉을 하면 중국어 회화를 유창하게 할 수 있다. 학원에서 내게 물어보는 분들은 모두 첫 번째 조건은 만족시키는 수강생들이므로, “하루 30분씩 섀도잉을 해보세요” 하고 간단히 대답을 해드리는데, 질문했던 분들에게 나중에 기회가 되어 “하루 30분씩 섀도잉 해보셨어요?”라고 물어보면, 단 한 번도 안 해본 경우가 대부분이다.

왜 절실해서 물어보고는 정답을 이야기해주는데도 실행하지 않을까. 오랜 시간 고민을 해보았는데 내 대답이 설득력이 없어서 그렇다는 생각이 들었다. 대답이 너무 간단해서, 해보던 방법이 아니어서, 주변에 누가 그렇게 했다는 사람도 없어서, 그렇게 하면 될 것 같은 생각이 별로 안 들어서 몸이 안 움직여지는 게 아니겠는가. 그래서 예전에 중국으로 어학연수 가는 학생들에게 학습법을 써주던 게 생각났다. 길게 써줄수록 감동을 받는 듯했다. 한두 마디 써줄 때보다 몇 페이지 써주면 그대로 하는 확률이 더 높았다. 그래서 중국어 회화를 유창하게 할 수 있는 방법도 좀 길게, 설득력 있게 써보자는 생각이 들었다. ‘아, 이렇게 하면 정말 되겠구나' 하고 몸이 움직여질 수 있을 만큼 제대로 써보자 하는.

예전에는 책을 낼 때면 주로 두 가지를 생각했던 것 같다. 틀린 내용이 적어서 덜 창피했으면 좋겠다는 생각과, 애써서 만든 것이니 되도록 많은 사람들이 봐주었으면 좋겠다는 생각.

그런데 이 책을 만들 때는 이런 생각이 들었다. 책 한 권 만들려면 나무 세 그루가 베어진다는데, 이 책이 그 나무 세 그루에게 미안하지 않았으면 좋겠다는 생각과, 이 책이 한 사람이라도 그 누군가의 일상을 조금 바꿀 수 있었으면 좋겠다는 생각.

이 책을 읽고 누군가 한 사람이라도 하루 30분 중국어 섀도잉을 시작하면 좋겠다. 그리고 그 30분으로 인해 내일의 자신이 오늘의 자신을 돌아볼 때 뿌듯해할 이유가 하나 늘었으면 좋겠다(别让明天的你讨厌今天的你*), 그 30분으로 인해 중국어의 근육이 튼튼해지고, 중국어 공부가 더 재미있어지고, 중국어가 유창해지고, 유창한 중국어를 하는 자신이 더 좋아졌으면 좋겠다.

그리고 그 한 사람이 지금 이 글을 읽고 있는 당신이었으면 좋겠다.

----
* 내일의 당신이 오늘의 당신을 미워하지 않도록 하라.

차 례

간절함이 무기다
1장

통계수치에 흔들리지 말자

나는 중문과를 졸업하기는 했지만, 대학 다닐 때 전공 공부를 별로 열심히 하지 않았던 까닭에 서른 살 가을이 되도록 중국어 한 마디 하지 못했다. 영문과 졸업생에게도 사람들이 그렇게 묻는지 모르겠지만, 중국어 전공자라면 평생 듣게 되는 한 마디는 "이거 중국어로 뭐라고 해?"이다. 그 질문 앞에서 내내 머뭇거려야 했던 나는 결혼한 지 2년째 되던 서른 살 가을에 남편을 부추겨서 중국 어학연수에 도전했다.

요즘이야 나이 든 사람들도 어학연수를 많이 가곤 하지만 당시에는 그런 일이 그렇게 흔치 않았다. 나를 잘 아는 사람들도, 나에 대해서 잘 모르는 사람들도, 유학도 아닌 어학연수를 그 나이에 왜 가냐면서 말리곤 했다. 특히 설득력 있던 반대 이론은 통계수치를 대는 것이었다. 요즘은 대학을 막 졸업한 중문과 학생 중에서도 몇 십 퍼센트는 취직을 못 한다면서, 네가 어학연수를 갔다 오면 서른이 훌쩍 넘는데, 그 나이에 중국어 좀 한다고 무슨 일을 할 수 있겠냐는 이론 앞에서 무너지지 않기란 쉽지 않았다. 늘 그 몇 십 퍼센트라는 당당한 증거가 내 발을 붙잡았다.

지금 생각해보면 통계 숫자에는 참 많은 허수가 포함되어 있는 듯하다. 몇 십 퍼센트가 취직을 못 한 것은 사실이겠지만, 그 몇 십 퍼센트 속에는 열심히 하지 않은 사람, 간절하지 않은 사람들이 섞여 있다는 걸 간과해선 안 된다. 예를 들어 10:1의 경쟁률이라고 하면 사실 들여다보면 그 중 절반 정도는 안 될 걸 알면서도 경험 삼아 참가하는 경우이기가 쉽다. 내가 제대로 준비된 경우라면 경쟁률은 당장 5:1로 낮아지고, 그 중에서도 열심히 한 편에 든다면 실제 경쟁률은 2~3:1 정도에 불과하다. 2~3:1도 낮은 경쟁률은 아니지만 10:1보다는 훨씬 해볼 만하지 않은가. 이렇듯 우리는 눈에 보이는 통계수치에 지레 뒷걸음질치는 경우가 많다.

서른 살 가을에 어학연수를 떠난 관계로 나는 더 간절했고, 더 열심히 할 수 있었다. 당시 어학연수를 갔던 학교에서는 갑자기 늘어난 어학연수생을 감당하지 못해서 마땅히 회화시험으로 봤어야 할 분반시험을 필기시험으로 대체했다. 덕분에 나는 아직 한 마디도 입을 떼지 못하는 상태에서 운이 좋게도(?) 고급반에 배정됐는데, 어느 날 기숙사에서 보온병을 들고 온수를 받으러 갔다가 후배들 방 앞에서 이런 대화를 듣게 되었다.

"형란이 누나가 학교 다닐 때 공부 좀 했나 봐. 말은 잘 못하던데 고급반에 들어갔더라."

"야, 넌 바보냐? 남편 것 베꼈겠지. 형이 고급반에 들어갔잖아."

순간 보온병을 든 손이 부들부들 떨리고, 머릿속이 하얘지는 걸 느꼈다.

'아, 내가 남의 눈에 이렇게 보이는구나.'

솔직히 말하면 이런 각오도 했던 것 같다.

'내가 너희보다 중국어 꼭 잘하고 만다.'

그리고는 3개월 후 첫 HSK 시험에서 같이 갔던 사람들 중에서는 혼자 8급을 받았으므로, 그 불명예는 씻게 되었지 싶다.

우연히 엿듣게 된 그 대화 때문에라도 나는 더 열심히 공부했고, HSK 11급이라는, 당시에는 중국 동포들만 받는다는 소문이 있었던 중국어

성적을 받아 들었지만, 귀국했던 서른두 살 가을에는, 이미 결혼을 한, 그것도 아직 아이가 없는 상태로 구직을 하기는 무척 어려웠다. 면접위 원들은 언제나 "아이를 곧 낳으시겠네요" 하는 말로 면접을 시작했다. 사실은 구인 기업의 조건보다도 나 자신의 구직 기준이 더 까다로웠다. 중국어를 주로 사용해야 하고, 회식과 승진이 없어야 한다는 나만의 조 건을 충족시키는 직장에서 나를 원하기까지 해야 하므로, 사실 내게 알 맞은 직장을 찾기란 하늘의 별따기만큼 어려웠다. 하지만 어렵다는 게 불가능하다는 건 아니므로, 결국 이 모든 조건에 다 맞는 중국회사 통역 직원으로 일하게 되었다. 외국인치곤 상당히 자연스럽다고 인정받은 중 국어 회화 실력 덕분이었다.

물론 간절하다고 모든 것이 이뤄지는 건 아니다. 뉴스 독해와 청취를 내용으로 수업을 하다 보니, 외무고시를 준비하는 학생들을 많이 만나 게 되었다. 일반적으로 외무고시를 준비하는 학생들은 목적이 분명해 서 그런지 예습 복습을 잘 해온다. 그런데 유독 한 학생이 예습도 대충, 복습도 대충 해와서 "아니, 그렇게 하시면 어떻게 시험에 붙겠어요?" 하 고 대놓고 물어봤던 기억이 있다. 그랬더니 이 학생이 "제가 외무고시 학원까지 합해서 하루에 8시간 학원 수업을 듣거든요. 예습 복습할 시간이 절대적으로 부족해요"라고 대답했다. 순간, 너무 미안하게도 '이 학생은 합격하지 못하겠구나' 하는 생각이 들었다. 외무고시 관련 학원 수업이라면 과목당 자습시간이 최소한 1.5 시간 정도는 필요할 텐데, 8시간 수업을 들으면, 식사, 휴식, 이동시간 등을 빼고 어떻게 12시간의 자습시간이 나오겠는가.

간절하다면 그만큼 올바른 방법을 찾는 노력을 기울여야 한다. 제대로 해야 더 빨리 할 수 있다.

영어도 아닌데 중국어야 뭐 대충 해도 된다는 사람들도 많다. 괜찮다. 충분히 그럴 수 있다. 나도 늘 영어 배워야지 하고 노래를 부르지만, 영어를 원어민처럼 하고 싶은 생각은 없다. 그저 혼자 여행 다닐 수 있을 만큼만 배우고 싶다. 중국어도 그만큼만 배우면 되는 사람들도 많다. 하지만 정말 중국어 하나만큼은 제대로 해보고 싶은 사람들도 있다. 간절함으로 무장한 그 사람들에게 나의 중국어 학습법에 대한 조언이 조금이라도 도움이 되었으면 하는 바람으로 이 글을 시작해본다.

세 번 도전해보았는가

아쉽게도 나는 친절한 강사는 아니다. 개인적인 성품 때문인 것 같다. 그래도 유독 마음이 쓰이는 수강생들이 있는 건 어쩔 수 없는데, 바로 세 번 이상 내 강좌를 들으러 오는 수강생들이다.

요즘이야 스크린 중국어 수업만 하므로 대부분의 수강생들이 세 달 이상 듣지만, 예전에 있던 학원에서는 십 년 동안 기초 어법 단계를 담당했었다. 일반 과정이라면 중국어 발음과 기본 문장을 두 달 배운 학생들이 들어와서 두 달 듣고 나가고, 속성 과정이라면 둘째 달에 들어와서 한 달 듣고 나가는 과정이었다. 다시 말하면 내 수업은 긴긴 중국어 생애에서 한 번만 듣고 지나가야 하는 수업이었다. 그런데 이 과정을 십 년 이상 하다 보니 두 번 이상 듣는 학생들이 많이 보였다. 중간에 군대 갔다 와서, 그만 두었다가 다시 시작해서…. 각각의 사연들을 안고 기초 어법 시간에 두 번 이상 얼굴을 보이는 것이다. 두 번까지는 그런가 보다 해도 세 번 이상 얼굴을 보이면 안타까움과 함께 꼭 도와주고 싶은 마음이 든다. 세 번 이상 온 사람은 그만큼 중국어에 미련이 있는 사람이므로 꼭 끝까지 갔으면 좋겠다는 마음이 들었다. 아마도 나 자신의 경험 때문에 그런 것 같다.

중문과 학생이라고 다 중국어를 잘하는 것은 아니다. 특히 회화 실력과 학점은 별개의 문제다. 나는 학점이 나쁜 학생은 아니었지만, 회화를 잘하는 학생은 더욱 아니었다(그렇다고 학점이 좋았다고 말하면 어, 아닌데? 할 동창들도 있을 것이므로 사실을 밝히면, 학과 수석도 두 번 하고 학사경고도 두 번 받았다). 그런 내가 한번은 큰마음 먹고 학원에 가서 왕필명 선생님의 회화 수업을 두 강좌나 등록했는데, 이주일 동안 반짝 다니다가 그만 뒀다. 대학 2학년 때 일이다. 그리고는 중국어 회화를 못하는 중문과 졸업생인 채로 중국어와 상관없는 일을 하다가 또 한 번 왕필명 선생님 수업을 찾아서 두 강좌를 등록했다. 스물일곱 살 때 일이었다. 그런데 왕필명 선생님께서 날 보시더니 "그 엉터리 학생 또 왔네" 하고 한 마디 하시는 것이었다. 깜짝 놀라서 이번엔 꼭 열심히 해야지 했지만, 다른 일을 하던 중이어서 그 결심은 또 이주일밖에 가질 못했다. 결국 중국 어학연수로 세 번째 시도를 해본 끝에 나는 중국어 회화를 할 줄 아는 사람이 되었는데, 나중에 왕필명 선생님이 일하시는 학원에 면접을 보러 갔을 때, 면접을 마치고 나가시던 왕필명 선생님이 던지듯 한 마디 하셨다.

"그 엉터리 학생, 중국어가 많이 늘었네."

지금은 중국어를 가르치는 일을 하고 있지만, 만약 내게 정말로 다시 한 번 인생이 주어진다면 나는 춤을 직업으로 삼고 싶다. 어렸을 때부터 춤을 좋아해서 다섯 살 때쯤부터 내가 없어져서 동네를 뒤져보면 꼭 무용학원 창 밖에서 까치발을 하고 들여다보고 있었다고 한다. 하지만 万般皆下品，惟有读书高*라는 생각을 가지셨던 어머니는 내가 춤을 추도록 지원해주지 않으셨고, 난 한 번도 춤을 춰보지 못한 채로 고등학교를 졸업하게 되었다.

---

* 모든 것이 하품下品이고 오로지 공부만이 고고한 것이다. 공부가 제일 고상하다는 뜻의 중국 관용어.

드디어 내가 스스로 진로를 결정할 수 있게 된 고3때 나는 MBC에 전화를 걸어보았다. 백댄서가 되려면 어떻게 하냐는 내 물음에 지원절차를 알려주리라는 내 예상과는 달리 수화기 저편에서는 내 몸무게를 물어왔다.

"60킬론데요."

"죄송합니다. 여성 백댄서는 45킬로까지만 지원하실 수 있습니다."

내 말이 떨어지기가 무섭게 들려온 답변이었다. 남자 무용수가 여자 무용수를 번쩍 드는 안무가 많았던 그 시절에는 여자 백댄서의 몸무게가 45킬로그램이 넘으면 안 되었다. 세상에 만약은 없다지만, 나는 아직도 가끔 내가 그때 15킬로그램을 뺐다면 내 인생이 어떻게 되었을까 하는 부질없는 상상을 해본다. 무척 간절했음에도 구체적인 노력을 기울여보지 않은 그때의 내가 지금의 나는 아직도 문득문득 야속하다.

첫 번째 시도에서 좌절하고 그냥 얌전히 중문과에 들어간 나는 대학 3학년 때 방송국 문화센터 탈춤반에 등록해서 다시 한 번 춤에 도전했다. 한 달쯤 신나게 다닌 후, 이제 본격적으로 종아리에 토시를 차고 제대로 흉내를 내어볼 때가 되어 토시를 구입했다. 그런데 내 종아리에 들어가는 토시가 없는 거였다. 씩씩하게 "토시는 대大자 없어요?" 하고 질문을 했더니, 토시는 한 사이즈라면서 이 토시가 맞지 않는 사람은 본

적이 없다는 것이다. 어린 마음에 상처를 입어서 한창 신나서 다니던 탈춤반을 그만두었다.

그리고는 춤과 관련 없이 살다가 강사로 한창 바쁘게 지내던 시절에 하마터면 교통사고가 날 뻔한 적이 있었다. 일방통행인 커브길이었는데, 한밤중이라서 차가 없을 거라고 생각했는지 맞은편에서 택시가 속력을 내서 정면으로 오고 있었다. 순간 내 머리를 스치고 지나간 생각은 '아, 그렇게 추고 싶던 탭댄스를 못 춰보고 죽는구나' 하는 것이었다. 다행히 그 순간을 모면한 나는 당장 저녁수업을 빼고 탭댄스 학원에 등록해서 일 년간 신나게 배웠다. 세 번째 시도에서 드디어 춤을 춰볼 수 있게 된 것이다. 재즈 음악이 들리는 탭댄스 학원으로 내려가는 계단을 밟을 때면 인어공주가 인간의 다리를 벗고 물고기 꼬리로 갈아입는 듯한 느낌이 들었다.

그래서 나는 세 번까지 도전하는 사람들은 정말 그걸 하고 싶어하는 거라고 믿는다. 내가 그랬던 것처럼.

개인적으로 좋아하는 실화가 있다. 미국 서부에 금광 개발붐이 일었을 때, 남들이 포기하고 간 금광만 찾아다니며 판 사람이 있었는데, 불과 몇 미터씩만 더 파면 종종 금맥이 발견되곤 했다고 한다. 중국어도 마찬가지다. 남들은 다 잘하는데 내 중국어만 형편없다고 느껴질 때, 이만큼 했으면 다 들려야 할 것 같은데 안 들릴 때, 포기해버리면 거기가 끝이다. 바로 얼마 뒤에 따라왔을, 귀가 뚫리고 말문이 터지는 경험을 못하게 되는 것이다.

세 번째까지 시도해보았는가. 나는 믿는다. 당신은 정말 중국어가 하고 싶은 거라는 걸. 그리고 마음을 담아서 응원한다. 이번엔 꼭 끝까지 가보시라고.

급할수록 제대로 하자

1. 6개월이면 중국어를 마스터하리라는 기대와 오해를 버리자.

2. 자신의 학습 목적에 맞는 학습기간을 설정한다.

3. 아무리 급해도 발음은 천천히 제대로 배운다.

4. 취직은 성적표로 해도, 업무는 회화로 해야 한다는 걸 잊지 말자.

5. 한동안은 중국어에 미쳐야 끝까지 갈 동력이 생긴다.

6. 중국어는 무술과 같다.

중국어에 대한 오해

초보 강사 시절에는 종종 상담 직원들을 도와주러 데스크에 내려가곤 했다. 그럴 때마다 나는 상담 직원 체질이 아니라는 걸 절감하곤 했는데, "중국어 6개월이면 마스터하죠?"라는 질문을 받을 때 주로 그런 느낌이 들었다.

친절한 상담 직원이라면 마땅히 "무슨 목적으로 배우시는지에 따라 다릅니다"라고 대답해야 할 것이나, 나는 "영어를 6개월 만에 마스터하셨나 봐요" 하고 대꾸하고 싶은 마음이 굴뚝 같았다.

영어가 10년 배워도 불편한 외국어인 것처럼 중국어도 마찬가지인 외국어일 뿐이다. 물론, 중국어는 제2외국어로 배우는 사람이 많고, 그야말로 여행이 목적이라든가 하면 6개월이면 필요한 만큼 배울 수도 있겠다. 하지만 중국어를 6개월 만에 마스터할 수 있겠지 하는 마음으로 접근한다면, 오히려 자신에 대한 절망으로 이어지기 쉽다. 어학연수도 아니고, 한국에서 학원을 다니면서 6개월 공부하면 시험 점수는 조금 나올 수 있겠지만, 회화는 그야말로 기초 수준밖에 되지 않는다.

자신의 목적에 맞는 학습 기간을 설정한다

여행 중국어를 목표로 한다면 6개월이면 가능하다. 취업준비생의 경우 회화 실력 전혀 필요 없이 HSK 5급 성적표 한 장만 필요로 한다면, 속성반으로 들을 경우 역시 6개월이면 가능하다. 속성반이 아니라면 10개월 정도는 예상해야 한다. 그러나 회화를 목적으로 한다면 일상회화를 어느 정도 하는 데까지 최소한 1년이 걸리고, 중국어 회화 실력으로 취업하길 원한다면 어학연수를 가지 않는 한 최소한 2년은 계획해야 한다. 정확한 기간을 알고 시작해야 괜히 지레 지치지 않는다.

아무리 급해도 발음은 천천히 제대로 배운다

설령 지금 당장은 회화가 필요 없고 HSK 5급 증서 한 장만 필요하다고 해도, 언제 중국어 회화가 필요하게 될지는 모르는 일이다. 요즘은 영어 성적으로 들어간 회사에서도 막상 실무에서는 중국어를 더 많이 쓰는 상황이고 앞으로는 더더욱 그렇게 될 것이다. 당장 시험 점수 하나만 필요하다고 발음을 대충 배우고 넘어가면 나중에 분명히 후회하게 된다. 그러므로 아무리 급해도 발음 하나만큼은 정확히 배우고 다음 단계로 넘어가자. 어법이나 HSK는 속성으로 배워도 전혀 문제없다.

한동안은 중국어에 미쳐야 끝까지 갈 동력이 생긴다

외국어 공부는 폭포수처럼 해야 한다는 이야기가 있다. 물론 평생 폭포수처럼 할 수는 없지만, 어느 한 시기, 특별히 시작 단계에서는 폭포수처럼 해야 한다. 그래야 중국어에 재미가 붙고, 재미가 붙어야 오래 제대로 공부할 수 있다. 최소한 3개월은 중국어를 1순위로 놓고 미친 듯이 해보자. 그러면 중국어에 눈도 뜨이고, 앞길도 보일 것이다.

중국어는 무술과 같다

무술도 처음에 정확한 자세로 배워야지, 대충 배웠다간 나중에 자세를 교정하려면 처음에 제대로 배우는 것의 몇 곱절의 시간이 걸린다고 들었다. 중국어도 마찬가지다. 한두 달 정성껏 배우면 되는 발음을 대충 배우면, 나중에 교정하는 데는 일이 년이 걸린다. 그것도 정성을 많이 들였을 때나 교정이 가능하고, 대부분의 경우 애초에 잘못 익힌 발음은 고치기 어렵다.

원했던 것보다 더 많이 얻는다

사람마다 중국어를 하려고 하는 목적이 다 다를 것이다. 통역 없이 직접 사업을 해보려고, 가족들과 여행할 때 더욱 자유롭게 다녀보고 싶어서, 취업을 위한 이력서에 한 줄 더 써넣으려고…. 중국어를 유창하게 하게 되면 이 목적들을 분명 모두 이룰 수 있을 것이다. 내가 일하고 있는 학원은 건물이 근사하다. 내가 주로 사용하는 교실은 특히 마음에 든다. 예쁜 우리 교실 유리문을 밀고 들어갈 때마다 이 교실에 찾아오는 이들이 얼른 중국어를 배워서 본인들이 이루고 싶었던 목적에 모두 순조롭게 도달하기를 기원한다.

다른 외국어도 그렇겠지만 중국어 역시 한 번 배워두면 그 쓰임새는 원래 원했던 것보다 훨씬 광범위하다.

중국 회사에 근무하던 시절 영어 학원에 다닌 적이 있었다. 어느 날 시간표를 보는데 영어 학원 팸플릿에 뜬금없이 내 이름이 실린 게 보였다. 이벤트 당첨자로 싱가포르 여행을 가게 된 것이다. 그래서 엄마를 모시고 처음으로 영어권으로 여행을 가게 되었는데, 영어에 자신 없는 내 사정을 알 리 없는 엄마가 자꾸 이런저런 주문을 하셨다. 에어컨이 너무 세다, 냅킨은 어디 있느냐, 오늘 받은 마사지가 마음에 들었는데 내일 한 번 더 받을 수 있겠느냐…. 이 요구들을 모두 영어로 해결해야 된다고 생각하니 머리가 아파서 그냥 대충 참으면 안 되겠냐고도 해봤지만 까다로운 엄마 성격에 그냥 넘어갈 수 있는 문제들은 아니었다.

반나절 정도 짧은 영어로 애를 써가며 엄마의 이런저런 주문에 대처하느라 힘이 들었는데, 어느 순간 싱가포르에서 중국어가 쓰인다는 걸 생각해냈다. 아, 신천지가 열리는 느낌이었다. 그 후론, "엄마, 뭐 더 가져다 드릴까요? 뭐 불편한 건 없으세요?" 하면서 같이 갔던 팀의 다른 분들이 부러워할 정도로 엄마를 완벽하게 살펴드릴 수 있었다. 엄마의 자부심이 한껏 높아진 것은 덤이다.

갑작스레 중국으로 발령이 난 아버지를 따라 아무 사전준비 없이 중국에서 학교를 다녀야 했던 우리 조카들이 이번에는 또 갑자기 미국으로 따라가게 되었다. 한창 예민한 사춘기에 인종차별도 있다는 미국에서 서툰 영어로 또 낯선 학교 생활을 하겠구나 하는 생각에 한국에 있는 우리 친척들은 늘 조마조마한 마음이었다. 그런데 방학을 맞아 돌아온 조카들의 얼굴은 결코 어둡지 않았다. 영어가 능숙하지 않아 답답하지 않았냐는 내 물음에 조카는 뜻밖에도 이렇게 대답했다.

"이모, 미국에 중국인이 많더라고. 학교에도, 동네에도 중국인이 많아서 농구도 같이 하고 잘 지냈어."

영어가 익숙해지기까지, 어쩌면 상당히 힘들었을 그 시기를 중국어 덕분에 많이 힘들어하지 않고 수월하게 보낼 수 있었던 것이다. 중국어가 이렇게도 쓰이는구나, 정말 감사한 마음이었다.

수강생들에게서도 해외여행을 갔다가 영어가 안 통하는 지역에서 의외로 중국인을 만나 순조롭게 여행했다는 이야기를 종종 들을 수 있다. 이론적으로는 영어를 하면 세계가 좁고, 중국어를 하면 아시아가 좁다지만, 실제로는 중국인이 세계 곳곳에 퍼져 있어서 중국어만 해도 세계가 많이 좁아진다. 물론 기본적으로 영어를 잘하고, 거기에 중국어 실력을 보태게 되면 천하무적이 되는 것은 당연한 이야기겠다.

또 한번은 취미로 중국어를 2년쯤 배워서 중국어로 회화가 가능하게 되었지만, 업무에서며 일상생활에서 중국어 쓸 일이 없어서 조금 답답해하던 수강생이 있었다. 그런데 미국에서 유학하던 이분의 조카가 미국에서 만난 중국인과 결혼을 하게 된 것이다. 당사자들이야 미국에서 사니 영어로 대화를 하지만, 한국에서 이루어진 양가 상견례에서는 영어가 잘 통하지 않아서 이분이 갑작스럽게 사회를 맡아 평소에 갈고닦은 중국어 실력으로 양가의 의사소통을 책임졌다는 말에 우리 반의 학생들이 다 같이 환호했던 기억도 있다.

한국과 중국에서 같이 쓰이는 사자성어 중에 '일로영일—劳永逸'이라는 말이 있다. 한 번 수고하면 영원히 편하다는 뜻이다. 수영이라든지 자전거 등 몸으로 배우는 것들이 주로 그러한데, 일로영일한 것 중에 제일 대표적인 게 외국어일 것이다. 한 2년 애써야 하지만, 한 번 배워두면 2년의 수고보다 훨씬 더 많은 것을 평생 내 것으로 만들 수 있다. 이렇게 공부하는 게 맞나, 정말 중국어가 될까 하고 조금 지치게 될 때면 일로영일을 기억하자.

분명 끝은 있다. 그리고 그 끝은 그리 멀지 않을 수도 있다. 그리고 그 끝에서 세계의 절반이 활짝 열리며, 의외의 인연들이 기다리고 있을지 모른다.

중국어가 삶의 목표는 아니다

한국어 실력을 높이는 데 시간을 투자하자

젊은 학생들 중에서 가끔 중국어에 목숨을 거는 듯한 분위기를 풍기는 학생들이 있다. 중국어 뉴스만 듣고, 중국 드라마만 보고…. 늘 강조하는 것이지만 외국어 습득은 폭포수처럼 해야 하므로 인생의 어느 한 시기에는 당연히 그렇게 해야 한다. 하지만 문제는 그런 학생들 중 종종 한국어가 미흡한 경우가 많다는 것이다. 같은 단어도 중국어로 먼저 생각나고, 한국어로는 적절히 표현해내지 못하는 학생들이 있다. 물

론 중국어의 그 단어가 주는 뉘앙스를 한국어에서 살리지 못하는 경우
도 있다.

　개인적인 경험을 이야기하자면 나는 서른 살 가을에 중국으로 어학연
수를 가기 전에는 외국에서 생활해본 경험이 없었기 때문에 외국에서
생활하고 돌아온 사람들의 느낌을 잘 몰랐다.
　친구 중 한 명이 결혼해서 미국에서 오 년 살다가 돌아왔는데, 마침
내가 중국으로 어학연수를 가기 얼마 전에 만났다. 그런데 그 친구가 이
렇게 이야기하는 것이다.
　"공기 좋은 미국에서 살다 왔더니 한국에 오자마자 천식이 걸렸어."
　나는 속으로 생각했다.
　'이십오 년간 살 때는 멀쩡하더니 미국에서 좀 살다 왔다고 천식까지
걸릴 건 또 뭐냐.'
　그리고 이야기하는 도중에 자꾸 영어 단어를 하나씩 불쑥불쑥 넣어서
말하는 것이다. 나는 또 속으로 생각했다.
　'영어로 하려면 쭉 영어로 하고, 한국어로 하려면 쭉 한국어로 할 것
이지, 중간중간 한 단어씩 섞어 쓸 건 또 뭐냐.'

그랬던 내가 중국에서 5년도 아니고, 꽉 찬 2년도 아니고, 겨우 21개월 체류한 후에 한국으로 돌아오고선, 2년 전 그 친구의 말에 그렇게 반응한 내 자신을 마구 질책하고 후회했다. 나는 고개가 많은 서울에서 30년간 살았기에 차멀미라는 것을 몰랐다. 차를 타면 그 흔들리는 느낌 때문에 조는 경우는 있었어도 절대 메스껍지는 않았다. 그런데 내가 체류하던 북경은 그야말로 평지인데다가 조금 심하게 말하면 천진까지 가도록 언덕이 없다. 서울에서는 자전거를 잘 못 타는 사람에 속했지만, 북경에서는 자전거를 타고 시장에도 다니고 학교 캠퍼스도 자유롭게 돌아다녔다. 이렇게 21개월 동안 북경에서 살다가 서울로 돌아왔더니, 스무 정거장쯤 지나면 중간에 멀미가 나서 차에서 내릴 수밖에 없었다. 그때 속으로 가슴을 치며 내 자신을 질책했다.

'아, 21개월 살다 와서 차멀미를 하면, 5년 살다 오면 정말 천식이 걸리겠구나.'

그리고 한국에 돌아와서 보니 이제는 영 한국어로 돌아오지 않는 단어가 생겼다는 것을 알 수 있었다. 중국어 단어 중에 '麻烦'이라는 단어가 있다. 만약 지금 이 책을 읽는 독자 중에 아직 중국에서 체류했던 경험이 없고, 주변의 누군가가 말 속에 麻烦이라는 중국어를 자꾸 섞어 써서 속으로 '한국어로 얘기하면 어디가 덧나나' 하고 생각했던 사람이 있다면, 얼른 그를 용서해주시라. 麻烦이라는 단어는 한국어로 대체할 단어가 정말 마땅치 않다. 굳이 찾아본다면 제일 적당한 것으로는 '거시기'가 있겠다. 누군가 "좀 너무 거시기해서…"라고 한다면, 그 어감이 바로 麻烦일 수 있는데, 麻烦은 품사가 동사, 명사, 형용사가 있으므로 때에 따라서 쓰임새가 달라진다. 그래서 중국에서 조금이라도 체류했던 사람들끼리라면 늘 서로 "너무 麻烦해서…", "麻烦하게 해서 미안해" 하고 이야기하게 된다.

그런데 문제는 이렇게 그 언어만의 고유한 뉘앙스를 가진 단어가 아니라 한국어에서 보편적으로 쓰이고 있는 단어들을 중국어로만 알고 있다면 그건 문제가 된다.

한국어가 모국어라면, 모국어 하나는 정말 잘해야 한다. 그리고 외국어를 잘해야 프리미엄이 있는 것이지, 한국어도 한국 사회에서 묻혀 살 만큼만 하고, 중국어도 대충 중국 사회에서 묻혀 살 만큼만 한다면 크게 쓰일 수 없다. 우리가 중국어를 아무리 잘한다고 해도 중국에서 초등학교에서부터 대학까지 다닌 중국 동포들만큼 잘하겠는가. 우리가 노동시장에서 그들과 경쟁한다고 하면, 중국어로는 비교가 되지 않는다. 우리의 모국어가 그들보다 나아야 경쟁할 수 있다. 통역에서도, 번역에서도 한국인은 한국어에 강세가 있다. 그 강세를 놓친다면 우리는 이류가 될 수밖에 없다.

중국어에 집중해서 일정 기간을 공부했다면, 그래서 어느 정도의 실력을 갖췄다면, 중국어 공부에만 매진하지 말고 한국어로 된 글을 많이 읽자. 소설, 신문, 이런 것들을 놓지 않아야 사회생활에 도움이 된다. 늘 강조하는 것이지만 한국어로 된 글을 빨리 읽으면 외국어도 절로 빨리 읽힌다. 더불어 논리 정연한 사고를 가지게 되는 것은 당연한 이치겠다.

고급 인재가 되고 싶다면 영어를 공부하자

중국어가 앞으로는 점점 더 필수 언어가 되겠지만, 영어가 세계 공용어인 것은 변함이 없을 것이다. 중국어만 잘해도 동남아가 좁다. 여기에 영어를 겸한다면, 온 세상이 좁아질 것이다. 수강생들 중에는 영어를 먼저 배우고 중국어를 배우러 오는 분들이 많다. 이분들의 입지는 중국어만 잘하는 분들에 비해 훨씬 든든하다. 굳이 취업이라는 좁은 측면에서 뿐 아니라 인생의 넓이 자체가 넓어진다. 중국인이 미국을 몹시 좋아하기 때문에 영어를 잘하는 사람에 대한 인상이 매우 좋은 것 역시 중국어를 하면서 영어 실력을 겸비해야 하는 한 이유가 되기도 한다.

즐겨야 끝까지 간다

학원에 처음 주말반이 생겨서 토요반 수업을 맡게 되었을 때, 난 토요반 수강생들을 조금 안타깝게 생각했던 것 같다. 주말반 학생들은 주로 직장인이라, 푹 쉬어야 하는 주말에 이렇게 학원에 나와야 되니 피곤하겠다고 생각했고, 하루는 이 생각을 입 밖으로 내어 위로했다.

"쉬는 날인데 학원에 나와서 피곤하시겠어요. 그래도 우리 열심히 해 보도록 해요."

그랬더니 수강생 중 한 분이 웃으며 이렇게 이야기했다.

"선생님이 아직 공부하는 즐거움을 모르시는군요. 공부하면서 노는 게 제일 재미있게 노는 건데요."

당시 서른 몇 살이었던 나는 확실히 공부의 즐거움은 생각하지 못하고, 수강생들 대부분이 '중국어를 얼른 잘하게 되어서 직장생활에서 사용해야지' 하는 목적을 가지고 공부를 한다고 생각했던 것 같다. 그런데 학원 생활을 조금 더 하다 보니 실제로 업무에 필요해서 중국어를 배우는 분들보다 취미로 배우는 분들이 더 오래 공부하고, 끝까지 가는 확률이 높다는 걸 발견했다. 지금은 토요반 학생들이 전혀 안타깝지 않다. 오히려 정말 부럽다. 나도 베트남어며, 영어며, 봉제며 이런 것들을 틈내서 배우러 다니고 싶다.

내가 초보 강사일 때는 수강생들에게 왜 중국어를 배우냐고 물어봤을 때 "그냥 취미로 배워요" 하고 대답하면 '아, 어느 정도 배우다가 말겠구나' 생각했다. 그런데 생각해보면, 취미로 배운다는 말은 중국어 배우는 게 재미있다는 말이고, 재미있는 일은 당연히 오래 하게 된다. 그때 내가 어설픈 위로를 건넸던 그 주말반 수강생 중 한 분은 십 년이 지난 지금도 나와 함께 공부하고 있다. 이제는 상당한 수준에 이른 것은 물론이다. 역시 그 시절 주말반 학생 중의 한 회사원은 회사 생활 때문에 주중에는 시간을 못 내고 주말반에 꾸준히 다니면서 취미로 배웠다. 시대가 바뀌어서 이제는 회사마다 중국어가 업무에 필수로 쓰이는 상황이 되다 보니 취미로 배운 중국어를 당장 업무에서 사용할 수 있게 되었고, 회사 내에서는 마치 자신이 선견지명이 있어서 중국어를 배워둔 걸로 높게 평가 받는다면서 웃기도 했다.

그렇다면 거꾸로, 당장 꼭 필요해서 공부하는 중국어라고 하더라도 취미 삼아 배워보는 건 어떨까. 중국어에 빠져보면 안다. 얼마나 재미 있는지. 나는 중국어를 직업으로 삼고 있지만, 중국어가 어려웠던 적은 있어도 지겨웠던 적은 없다. 입으로 하는 중국어는 음악과 같고 체육과 같아서, 하면 할수록 몸에 익고 재미있지 힘들고 지겹지는 않다. 중국어 공부가 힘들고 지겹다면 공부 방법을 점검해볼 필요가 있다. 책만 파고 있던 것은 아닌지, 입과 귀는 가만히 있었던 것은 아닌지.

중국어는 2년 하면 써먹을 만큼 할 수 있게 되는데, 신나게 2년 했을 경우에 그렇다. 신명나게 2년 공부하면 중국어로 먹고살 수 있을 만큼 도 가능하다.

이렇게 공부하자!
2장

중국어 학습을 100이라 하면, 발음 성조가 80이다!

1. 중국어 학습을 100이라 하면, 발음 성조가 80이라고 생각하자.

2. 발음만은 독학하지 말자.

3. 발음을 급히 배우는 것은 평생 독이 된다.

4. 직장을 다녀서 복습 시간이 적다면 1단계를 두 번 듣자.

5. 성조가 달라지면 뜻이 달라진다.

6. 성조는 숫자를 쓰면서 외우지 말고, 노래하듯 소리로 익히자.

7. 1성을 높게 잡자. 솔 정도의 높이면 적당하다.

똥두부와 조진중국?

한국인은 중국어를 배우는 데 있어서 서양인에 비해 훨씬 유리하다. 비슷한 한자어를 많이 사용하므로 뜻을 이해하는 데는 별 어려움이 없다. 그런데 이 장점이 곧잘 단점으로 작용하곤 하는데, 주의하지 않으면 자꾸 이미 알고 있는 한자 독음으로 중국어 발음을 하게 되기 때문이다.

통상부 장관을 역임하여 문장 이해력이 매우 높을 뿐 아니라 뉴스의 배경까지 잘 알고 있어 수업 시간에 많은 도움을 주던 어르신 수강생이 있었다. 그런데 '冻豆腐'를 늘 중국어 발음 반, 한국어 발음 반 섞어서 '똥두부'라고 읽는 바람에 다른 학생들이 똥두부 할아버지라고 불렀던 기억이 있다.

왕필명 선생님도 늘 한자 독음과 섞어 읽지 말라고 하면서, 책 이름 '走进中国'을, 아예 중국식으로 '조우진 쭝궈'로 읽던가 한국식으로 '주진중국'으로 읽어야 하지만 학생들이 늘 '조진중국'으로 읽어서 영 듣기 불편하다고 하시던 게 기억난다.

문제는 이런 식의 독음이 그냥 듣기 불편한 데서 끝나는 게 아니라 의사소통을 불가능하게 한다는 데 더 큰 문제가 있다. 중국어 학습 기간이 길어도 한국인만 듣고 알 수 있는 발음으로 대충 한자 독음 섞어서 읽는 경우가 너무도 많다. 어순도 맞고 단어 선택도 다 맞았지만 오로지 발음 때문에 중국인이 못 알아들을 때가 제일 슬픈 순간이다. 아는 글자라고 하더라도 처음 배우는 외국어인 듯 마음을 비우고, 불어 배우듯 중국어 발음을 배워보자.

발음의 비중이 80퍼센트

뜬금없지만 김구 선생님 흉내를 내보려 한다. 누가 내게 중국어 학습에서 무엇이 제일 중요하냐고 묻는다면 발음이라고 대답하겠다. 그 다음으로는 무엇이 중요하냐고 묻는다면 그것도 발음이라고 대답하겠다. 또 그 다음으로 무엇이 중요하냐고 묻는다면, 그때에도 나는 발음이라고 대답하겠다.

강사 생활을 오래하면 할수록 중국어 학습에서 발음 습득 단계가 얼마나 중요한가를 절감한다. 너무도 많은 학생들이 발음을 대충 배워서 꽤 높은 중국어 수준을 가지고 있는데도 평생 중국어 잘한다는 소리 한마디 못 듣는 걸 보면 정말 너무도 안타깝다.

한국에 있는 중국어 학원에서 일하는 중국인 강사들은 학생들이 뭐라고 말해도 다 알아들어주지만, 실제로 중국에서 만나게 되는 중국인들은 정확히 말해주지 않으면 잘 알아듣지 못한다.

중국에서 후배와 병원에 간 적이 있었다. 외국인이므로 접수하는 데 여권을 제시해야 했다. 병원 직원이 여권 가져오라고 하고는 휙 돌아서서 가버렸다. 후배가 여권을 들고 "후짜오, 후짜오~" 하면서 따라갔는데, 발음이 정말 한국어로 '후짜오'여서 직원이 못 알아듣고 가버리는 걸 옆에서 본 적 있다. 손에 여권을 들고도 여권 있다는 말을 전달하지 못한 것이다.

또 한번은 더운 여름날 정말 작은 구멍가게에 들어간 적이 있었다. 한국인인 듯한 손님 하나가 '콜라, 콜라'라고 말하면서 콜라를 사려고 했다. 그 가게는 정말 너무도 작아서 조금 과장되게 말하면 콜라와 사이다밖에 안 파는 가게였는데도, 그 가게 주인은 '没有'*라면서 손을 내젓고는 한 번 쳐다보지도 않았다.

나도 하루는 조카에게 연을 사다 주고 싶어서 연 가게에 간 적이 있었다. '风筝'의 뒷글자가 경성인지 모르고 두 글자 다 제 성조대로 말했더니 '没有' 하면서 손을 내저어서 연만 파는 가게였는데도 주눅이 들어서

그만 발을 돌렸던 참담한 기억도 있다. 중국어 학습자라면 누구나 발음과 성조 때문에 의사소통을 하지 못했거나 엉뚱하게 전달되었던 기억을 수도 없이 가지고 있을 것이다.

요즘은 중국어를 빨리 배우는 게 대세인 듯하다. 어느 학원이나 "발음부터 HSK까지 며칠, 혹은 몇 개월" 이런 광고 문구를 내걸고 있고, 실제로 그렇게 이끌어주기도 한다. 하지만 시험성적은 그렇게 빨리 딸 수 있다고 해도 발음만큼은 절대로 급하게 배워서는 안 된다.

발음 독학은 독약과 같다

기본 코스를 가르치는 강사들은 달이 바뀔 때 수강생들에 대한 정보를 다음 코스 강사에게 간단히 알려주는 게 관례다. 그 중에서 강사들이 제일 듣기 두려워하는 소개말은 바로 "이 학생은 발음을 독학했어요"라는 말이다. 다른 언어도 그런지 모르지만 중국어는 유독 발음을 독학할 수 없다. 반드시 누군가의 교정을 받아가며 배워야 한다. 한국어에 없는 발음이 꽤 있어서 그런 듯하다. 요즘은 인강도 많이 보급되어 있지만, HSK나 어법 공부가 아니라 발음 단계부터 시작해야 한다면 무리를 해서라도 학원 수업을 듣도록 하자. 발음만큼은 제대로 누군가에게 교정받을 수 있는 상황에서 배워야 한다.

강사로서 제일 답답했던 기억이 있다. 2단계 속성반 첫날이었다. 그 달은 방학 시작하는 달이어서 수강생이 많았다. 25~30명 정도가 앉아 있었는데, 다 같이 복창하는 시간에 한 학생의 목소리가 튀었다. 여러 문장을 했는데도 그랬다. 성조 자체를 안 배운 티가 확연히 났다. 한 명씩 돌아가면서 읽다가 그 학생이 누구인지 발견하고는 1단계를 배우고 왔는지 물어봤다. 자신은 회사원인데 회사에 중국인이 많아서 이미 중국어 회화를 어느 정도 하는 상태라고, 그저 기본 어법을 다지려고 2단계로 들어왔지 사실 수준은 이보다 더 높다고 했다.

하지만 읽는 것을 보니 발음과 성조 자체를 안 배워서 한국어 발음으로 읽고, 성조에 대한 이해 자체가 없었다. 이렇게 해서는 절대 제대로 된 중국어를 구사할 수 없겠기에 얼른 1단계로 가라고 권했다. 집중반이었으므로 성조는 첫날 진도가 끝났을 터이라 나는 마음이 급했다. 그런데 그 학생은 자존심이 상했는지 상담부에 내려가서 엉엉 울면서 항의를 한 것이다. 결국 자신의 의지대로 2단계를 계속 들었는데, 2단계는 주로 내가 가르쳤기 때문에 내가 아닌 다른 강사의 시간대로 옮겨가느라 고생만 했다. 한 달 아끼자고 중국어 자체를 망친 안타까운 예다.

복습 시간이 없다면 1단계를 두 번 듣자

발음 단계에서는 학원에서 1시간을 배웠다면 최소한 2시간 정도는 혼자서 소리파일을 따라서 연습을 해봐야 한다. 하지만 많은 사람들이 출근하는 길이나 학교를 오가는 길에 소리파일을 몇 번 듣는 정도로 복습을 대체한다. 발음 단계에서는 이 정도의 복습만으로는 좋은 효과를 내기 어렵다. 일상이 바빠서 복습시간을 낼 수 없다면 마음을 비우고 1단계를 두 번 수강하자. 길고 긴 중국어 인생에 이 늦게 시작한 한 달이 두고두고 도움이 될 것이다.

발음이 나쁘다면 섀도잉으로 교정하자

사실 이 책의 독자 중 많은 분들이 발음 단계는 이미 지났으리라 생각한다. 발음 단계를 황급히 배워 후회된다면 이제라도 섀도잉으로 성조 발음을 교정하자. 발음이 굳어진 경우 본인의 노력으로 완벽히 교정하는 경우를 많이 본 것은 아니지만, 전무하지는 않다. 많지 않은 우리 반 수강생 중에서도 일 년에 두어 명은 볼 수 있으므로 노력하면 될 수 있는 일임에 분명하다. 난 발음이 안 좋아, 하고 포기하지 말자. 자신이 어느 성조, 어느 발음이 안 되는지 파악하고 자꾸 신경 써서 교정하려고 하면 고칠 수 있다. 발음 교정에는 느린 속도의 섀도잉이 적합하다. 소리파일을 80퍼센트 정도의 속도로 맞춰놓고 성조 발음에 신경 쓰면서 여러 번 따라해보자. 구제불능일 것 같던 발음도 서서히 교정된다.

성조는 노래하듯 배우자

한국어는 문장 중간중간이 올라가고 문장 끝이 내려간다. 중국어도 그런 식으로 읽는 수강생들이 상당히 많다. 예를 들어 "나는 한국인이고요, 저 사람은 중국인이에요." 이런 문장이 있다고 하면 성조에 특별히 신경 쓰지 않으면 이렇게 읽게 된다.

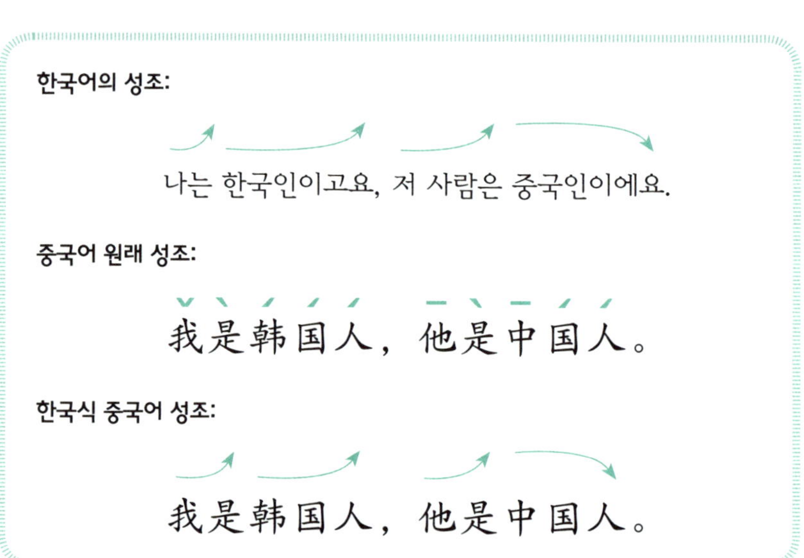

쉬운 문장이면 듣기 불편해도 의사 전달이 되겠지만, 성조를 기본적으로 이렇게 읽는 데다가 발음도 애매하고 가끔 단어 배합도 틀린다면 의사전달이 불가능해질 수밖에 없다.

남의 나라 말이니까 어쩔 수 없다. 앵무새처럼 전혀 모르는 새로운 노래를 배우는 것처럼 따라 하고 또 따라 하자. 그러다 보면 다른 이가 틀리는 성조가 음치의 노래처럼 듣기 불편해지는 때가 반드시 온다.

간장을 썰어 넣고, 톱을 먹는다고?

한국어는 만 개가 넘는 발음을 가지고 있는 데 반해 중국어 발음의 개수는 400개가 되지 않는다. 이 적은 발음에 성조를 붙여서 뜻을 구별하기 때문에 성조를 무시했다간 의사소통에 커다란 불편을 겪게 된다.

중국어 학습자라면 누구나 성조를 틀리게 말해서 엉뚱하게 의미전달을 했던 웃지 못할 경험들을 가지고 있을 것이다. 내게도 물론 많은 기억이 있다. 그 중 두 가지만 소개하면, 어학연수 가서 얼마 안 되었을 때였다. 귤 사러 나가다가 어디 가냐고 묻는 중국인에게 'júzi' 사러 간다고 했더니, 'jùzi'는 왜 사냐고 해서 당연하다는 듯 "먹게"라고 대답했다. 그랬더니 그가 고개를 갸우뚱하고 갔던 기억이 있다. 귤(橘子)은 2성, 톱(鋸子)은 4성인데, 내가 성조를 잘 기억하지 못해서 일어난 일이었다.

또 한번은 강사들끼리 요리법을 교환하던 때였다. 생강(1성)을 썰어 넣으라는 말을 4성으로 말해서 중국인 강사가 어떻게 (간)장을 썰어 넣냐고 물었던 기억도 있다.

이런 예들이야 생활 속에서 일어나는 것이므로 틀려도 상관이 없다고 하겠지만, 회사 업무나 국가기관의 통역을 맡으면서 이런 실수를 한다면 자칫 큰 결례를 하거나 손해를 입힐 수도 있다. 평소에 성조를 노래하듯 입에 익히고 성조에 민감한 태도를 늘 유지해야 한다.

1성을 높게 잡자

1단계를 배우는 학생들에게 CCTV 뉴스를 유심히 들어보라고 하면 좀 의아해한다. 아무것도 못 알아듣는데 뭘 들어보라는 걸까 하는 반응이다. 내가 들어보라고 하는 것은 아나운서들이 말하는 소리의 높이다. 1성의 높이가 도레미파솔라시의 '시' 정도인 걸 알 수 있다. 초등학교 아이들이 나오는 자료 화면을 봐도 1성이 시 정도의 높이인 걸 알 수 있다.

표준어에서 1성의 높이는 거의 '시'음 높이다. 중국인들도 아이 때는 시 정도로 배우기 시작해서 세월이 가면서 솔 정도로 내려오는 거다. 한국인인 우리는 그게 어색하다면 '솔' 정도로 시작해도 괜찮다. 하지만 솔보다는 너무 많이 내려가지 않도록 하는 게 좋다.

2성의 마지막 부분이 1성 높이고, 4성의 첫 부분이 1성 높이다. 그러므로 1성을 높게 잡으면 2성과 4성이 함께 따라서 높아진다. 음폭을 넓게 잡을수록 의사전달도 명확하게 되고, 성조가 틀리는 것도 명확히 알 수 있다. 평소에 전 성조의 차이를 그저 도레미 사이에서 웅얼웅얼하던 사람이라면 자신의 중국어가 어느 부분이 틀렸는지 자각하기 어렵고, 듣는 사람에게도 잘하는 중국어라는 인상을 주기 어렵다. 무조건 1성을 높게 잡자. 그리고 2성과 4성을 그 높이에 맞춰서 높여보자. 목소리도 절로 따라서 커지고, 발음도 명확해지고, 자신감도 그만큼 높아진다.

반삼성은 짧게 읽자

반삼성을 너무 길게 읽으면 당연히 올라오고 싶어진다. 반삼성은 바닥음에서 끊어져야 하는데, 바닥에서 너무 오래 있으면 지쳐서 끝이 올라오고 만다. 반삼성의 끝이 들리면 뒷글자와 연결이 매끄럽지 못하고, 그러다보면 문장 전체의 성조가 흔들린다. 1성은 높고 길게 읽고, 3성은 낮고 짧게 읽어 버릇하면 중국어의 강약이 잘 살아난다.

어휘
- 단어 암기는 그물식과 낚시식을 병행하자!

1. 어차피 단어는 외워야 한다. 단어 암기를 피해갈 생각은 아예 버리자.

2. 단어 공부 시간을 제한한다.

3. 그물식과 낚시식, 두 가지 방식을 병행한다.

4. 그물식 암기는 파트너와 함께 한다.

5. 자신만의 단어장을 만든다.

6. 쓰면서 암기하는 것은 좋지만 병음을 쓰면서 암기하는 것은 가급적 하지 않는 것이 좋다.

7. 단어는 반드시 소리 내어 외운다.

8. 어휘책은 반드시 한글과 중국어 한쪽을 가리고 외울 수 있는 것으로 선택한다.

9. 온종일 단어장을 손에 들고 다닌다.

10. 중국어 사전 보기를 습관화한다.

어차피 단어는 외워야 한다

단어 공부할 때 가장 기본적으로 마음에 새길 것은 다음 두 가지다.

첫째, 어차피 단어는 외워야 한다.
둘째, 어차피 다는 못 외운다.

우선 첫째부터 이야기해본다면 단어 좀 안 외우고 어떻게 안 될까 꾀부려선 될 게 없다는 이야기다. 뉴스와 드라마 청취 수업을 하다 보니 중국에서 일이 년 거주하다 온 분들도 수업에 꽤 들어온다. 한국에서만 공부한 수강생들은 드라마 듣기를 어려워하는 데 반해, 중국에서 귀국한 수강생들은 뉴스를 어려워한다.

"저는 회화만 배워서요"라고 얘기하는 수강생들이 간혹 있다. 하지만 생각해보면 뉴스도 굉장히 흔한 회화 소재다. 대통령 선거, 지진, 엘니뇨현상, 브렉시트, 총격 사건 모두 뉴스에만 출현하는, 그렇지만 우리 일상생활과 너무도 밀접한 주제들이다. 이런 주제로 회화를 하지 않고 무슨 주제로 회화를 하겠는가.

중국 회사에 다닐 때 내 주요 업무는 중국인 사장과 한담을 나누는 것이었다. 중국인 사장은 주로 한국의 상황에 대해서 물어왔다. 안전벨트 착용을 비롯한 교통법규, 병원 이용법, 의료보험 적용 대상, 전기요금 부과방식, 예적금의 종류와 이율, 전월세 방식의 차이, 각종 수수료의 비율, 한국에서의 복장 예절, 어젯밤에 나온 대통령 뉴스에 관한 내용, 마트 이용 팁 등 실생활과 관련된 모든 분야에 걸친 질문이 이어졌다. 생각해보면 외국인이 한국에서 살면서 당연히 궁금해할 만한 것들이었다. 이런 질문들에 대한 답은 우리가 흔히 생각하는 일상 회화 분야에도 있었지만, 뉴스 분야도 절반은 차지했다.

거꾸로 우리가 중국에 가서 산다고 생각해보자. 중국인에게 우리는 무엇을 물어보게 될까? 마찬가지로 중국의 의료제도며 교통제도, 진학 과정, 마트며 식당의 이용 절차, 어젯밤에 TV에서 봤는데 제대로 이해하지 못했던 내용 등을 묻게 될 것이다.

이렇듯 우리는 살면서 의외로 많은 경우 뉴스 주제로 대화를 하게 된다. 그렇기 때문에 다양한 분야의 단어를 외우지 않고는 좋은 회화 실력을 갖기 어렵다. 외국어 공부를 시작한 이상 단어는 평생 외우는 거라고 일찌감치 마음먹으면 간단하다.

어차피 다는 못 외운다

둘째, 어차피 다는 못 외운다는 이야기는 단어 외우기의 비중을 정해 두어야 한다는 의미다. 가끔 개인적인 성격상 모르는 건 그냥 못 넘어가는 사람들이 있다. 이런 사람들은 출현하는 새 단어는 모두 다 사전을 찾아봐야 한다. 그러다 보면 하루 종일 단어만 찾을 수도 있다.

학교나 직장을 다니면서 한국에서 공부하는 경우는 물론이고, 연수를 가서 온종일 중국어 공부만 하는 경우라고 해도 자세히 따져보면 수업 시간, 예습 · 복습 시간을 빼고 나면 혼자 주체적으로 다른 공부를 할 시간은 결국 얼마 안 남게 마련이다. 이 시간을 모두 단어 학습에만 사용하게 되면 입을 움직일 시간이 당연히 줄어들게 된다. 일정 시간을 정해서 단어 공부를 하고 미흡해도 과감하게 듣기나 섀도잉 등의 다른 과정으로 넘어가는 게 입이 트이는 데 더 좋다.

그물식과 낚시식

단어를 공부하는 방법은 같은 학원 장석민 선생님의 이론을 빌려 적도록 한다. 장석민 선생님의 이론에 의하면 단어를 공부하는 방법은 그물식과 낚시식, 두 가지가 있다. 그물식이란 책 한 권을 처음부터 쭉 외워나가는 방식이다. 즉, 책 한 권을 처음부터 외우는 방식을 말한다. 중국어라면 제일 먼저는 각급 HSK 단어집이 그 첫 교재가 될 것이고, 나중에는 각종 성어 사전 등이 그물식 어휘 학습의 교재가 될 것이다.

낚시식이란 학원 교재나 어학연수 코스의 교재에 나오는 단어를 그때그때 외우는 것을 말한다. 이 두 가지 방식은 병행되어야 하며, 역시 시간 조절을 하는 것이 중요하다.

그물식 어휘 습득은 짝꿍과 함께

낚시식 어휘 습득은 누구나 하게 되어 있다. 수업시간에 창피 당하지 않기 위해, 그리고 당장 궁금해서라도 교재에 나온 단어는 외우게 된다. 하지만 그물식 어휘 습득은 상당한 의지가 필요하다. 나는 어휘 관련 책을 몇 권 냈는데, 학원 수강생들 중에 가끔 "선생님이 쓰신 책은 다 샀어요"라고 인사를 해오는 경우가 있다. 가끔 장난기가 발동해서 "끝까지 봤어요?" 하고 물으면 예외 없이 얼굴을 붉힌다. 십 년이 되도록 3분의 2 정도를 봤다고 말하는 학생 한 명을 참 대단하다고 기억하고 있으므로, 학습자 혼자 그물식으로 어휘 공부한다는 게 얼마나 힘든지 알 수 있다.

그물식 어휘 습득은 파트너가 필요하다. 독학으로는 단 한 명도 끝까지 보지 못한 내 책을, 우리 학원 수강생들 중에서는 심지어 두어 번을 외운 사람들도 있다. 내가 담당한 학원 수업은 시험 성적과 관계없는 과목이므로 수강생이라 함은 주로 성인들인데, 직장인, 퇴직자, 주부들이 그렇게 성어 사전을 끝까지 외웠다는 건 정말 자랑할 만한 일이다. 매일 일정 분량씩 외워오고, 내 앞에서 검사를 받는 방법을 써서 가능했던 일이다.

상대가 굳이 강사일 필요는 없다. 중국인과 1:1 수업을 하고 있다면 辅导老师에게 봐달라고 하면 되고, 같은 과 친구나 기숙사 룸메이트와 같이 해도 된다. 날마다 일정 분량을 정해서 혼자 외우고, 누군가 그 중의 몇 개만 골라서 물어봐주면 된다. 외우는 시간은 꽤 걸려도 체크해주는 시간은 몇 분 안 걸리기 때문에 파트너만 있으면 되고, 파트너에게 부담이 되지도 않는다. 물어보는 사람은 한글 해석을 보고 읽어주는 것이기 때문에 심지어 중국어를 모르는 사람에게 물어봐 달라고 해도 된다.

한 번이라도 외워봤던 단어만 들린다

가끔 "이렇게 단어를 무작정 외우는 게 소용 있나요? 그냥 교재에 나오는 것만 외우면 안 될까요?" 하고 물어보는 사람들이 있다. 충분히 그렇게 생각할 수 있다. 외우는 당시에는 이렇게 병음 순서로 억지로 머리에 쑤셔 넣는 게 무슨 소용 있나 하는 생각이 들기도 한다. 하지만 이렇게 한 번이라도 들여다봤어야만 휙 지나갈 때 들린다.

중국인과 회화할 때 당신이 아는 단어 범위 내에서 말해주기를 기대하는 게 가능한 것은 교실 안에서 뿐이다. 당신이 진짜로 만나게 될 중국인은 당신이 어느 단어를 알고 모르고 있는지 모른다. 한 번이라도 봐뒀던 단어는 들린다. 그리고 들리면, 그 다음에는 사용할 수 있고, 최소한 찾아보거나 물어볼 수 있다. 하지만 한 번도 봐두지 않았던 단어는 '…' 하고 휙 건너뛰어 들리게 되고, 영원히 들리지도 않고, 사용하지도 못한다.

　열정이 넘치던 초보강사 시절, 추석 연휴 4일 중 3일 동안 하루 8시간씩 단어 외우기 스터디를 한 적이 있다. 단어 7천 개가 쓰인 단어집 한 권을 가지고, 50분 동안 흩어져서 외우고, 10분간 만나서 체크하고, 다시 50분간 흩어져서 외우고, 10분간 만나서 체크하고…. 이렇게 3일 동안 한 권을 처음부터 끝까지 외워보는 스터디였다. 헌데 끝까지 남은 멤버 네 명이 알고 보니 모두 서울대 출신이라, 이 그물식 방법에 대한 확신과 절망을 동시에 느꼈던 기억이 있다.

　'아, 이게 공부 잘하는 사람들이 쓰는 방법이구나' 하는 확신과, '결코 대중적인 방법은 아니겠구나' 하는 절망. 하지만 그때 느꼈던 절망은 세월이 흐르면서 수강생들과 하루에 조금씩 체크해주며 외우는 방식을 통해 서울대생이 아닌 보통 사람들도 얼마든지 그물식 어휘 습득에 성공할 수 있다는 확신으로 바뀌었다.

단어집은 모양을 보고 고르자

그물식 단어 학습을 위해 교재를 선택할 때는 (중국어 교재 분야에서 어느 정도 지명도가 있는 출판사의 어휘집 중에) 본인이 보기에 글자체가 편안하고, 표지며 구성이 마음에 드는 책을 사는 게 좋다. 너무 빽빽하고 질리게 생긴 책을 사면 손이 안 가게 마련이다.

한 가지 추가하자면, 어느 한쪽 줄을 가리고 읽을 수 있는 어휘집을 사는 게 좋다. 단어 밑에 발음이 달려 있고, 단어 해석도 그 밑에 달려 있고, 오른쪽으로는 예문과 예문 해석이 놓여 있다면, 단어 외울 때 언제나 해석이 눈에 함께 들어온다. 단어와 발음은 같은 줄에 있더라도, 해석은 깔끔하게 다른 라인에 들어 있어서 뭔가를 가지고 한쪽을 가리면 중국어 단어만 볼 수 있거나 한글 해석만 볼 수 있게 되어 있는 책을 고르는 게 좋다. 그래야 따로 단어장에 정리하지 않고 공부할 수 있어 효과적이다.

★단어집의 안 좋은 예

面包 miànbāo 빵	对人民来说，第一是面包，第二是教育。 인민에게 있어서는, 첫째가 빵이요, 둘째가 교육이다.
青春 qīngchūn 청춘	有很多人是用青春作为成功的代价的。 많은 사람들이 청춘을 성공의 대가로 삼는다.
…	…

★단어집의 좋은 예

面包 miànbāo	빵	对人民来说，第一是面包，第二是教育。 인민에게 있어서는, 첫째가 빵이요, 둘째가 교육이다.
青春 qīngchūn	청춘	有很多人是用青春的幸福作成功代价的。 많은 사람들이 청춘을 성공의 대가로 삼는다.
…	…	…

★단어집의 이상적인 예

面包	miànbāo	빵	对人民来说，第一是面包，第二是教育。	인민에게 있어서는, 첫째가 빵이요, 둘째가 교육이다.
青春	qīngchūn	청춘	有很多人是用青春的幸福作成功代价的。	많은 사람들이 청춘을 성공의 대가로 삼는다.
…	…	…	…	…

아쉽게도 세 번째 형태로 만들어진 단어집을 찾기는 쉽지 않다. 그러므로 최소한 두 번째 형태로 만들어진 단어집을 구입하는 게 좋다.

쓰면서 공부해야 하나?

또 한 가지, 글자를 쓰면서 단어를 암기할 것인지는 개인의 취향과 학습목적에 따라 다르다. 물론 쓰면서 공부하면 제일 좋지만, 나처럼 뭔가를 쓰려고 하면 공부할 의욕부터 꺾이는 사람이라면 안 써도 큰 문제는 없다. 요즘은 HSK도 타자로 칠 수 있는 IBT 시험방식이 있고, 나중에 회사에서 중국어로 일을 하게 될 때도 문서 작성은 컴퓨터 등 기기를 사용할 테고, 영타로 치는 것이므로 글자를 잘 못 쓴다고 해도 일상생활에서 많이 불편하지는 않다. 물론 글자를 못 쓰면 다소 창피할 때는 있지만 영어 철자 틀리는 것처럼 치명적인 것은 아니다.

그러나 중국에서 대학이나 대학원을 다니려고 한다든지, 쓰는 과목이 포함된 시험을 목표로 한다면 처음부터 쓰면서 공부해야 한다.

제일 피해야 할 방법은 병음을 써가면서 단어 공부를 하는 것이다. 영어 공부를 한 기억이 있어서 그런지 병음을 쓰면서 외우는 사람들이 꽤 있다. 한자 자체를 쓰는 건 괜찮지만 병음을 쓰면서 공부하는 건 정말 말리고 싶다.

단어를 외울 때는 항상 입을 움직이자

내가 한 가지 더 강력하게 권하고 싶은 것은 단어를 외울 때는 반드시 소리를 내면서 외워야 한다는 것이다. 혹 도서실 같은 곳에서 공부해서 소리를 낼 수 없다면, 최소한 입만이라도 움직여야 한다. 필기시험 대비가 아닌 회화를 목적으로 공부한다면, 언제 어느 순간에도 입을 움직이는 게 좋다.

단어장이 손에서 떠나지 않게 하자

하루 종일 단어 공부하는 것은 피해야 하지만 단어장은 하루 종일 손에 들고 다녀야 한다. 화장실 갈 때, 수업하러 갈 때, 시내 나갈 때, 친구 만나러 갈 때, 언제라도 손에서 단어장이 안 떠나게 해야 한다. 이 습관은 되도록이면 평생 유지하는 게 좋다. 하루의 일정 시간 동안 가만히 머리를 비우고 쉬는 것도 굉장히 중요하다. 하지만 목적 없이 스마트폰을 들여다보는 시간은 얼마든지 단어장 들여다보는 시간으로 대체할 수 있다. 단어 외우고 복습하는 것을 일로 여기지 말고 생활의 일부가 되게 하는 것, 이것이 중국어 학습의 첫 단계다.

중국어 사전 보기를 습관화하자

　요즘은 사전 찾아보기가 너무도 쉬워졌다. 인터넷에서 복사해서 넣으면 찾을 수 있고, 병음으로 입력하거나 펜으로 글자를 적어도 찾을 수 있고, 휴대폰으로도 얼마든지 사전을 찾아볼 수 있으니 참 좋은 세상이다. 한 가지 권할 게 있다면, 네이버 사전에만 의존하지 말고 인터넷 환경이라면 百度사전도 함께 검색해보고, 종이사전을 볼 기회가 있다면 《现代汉语词典》을 보는 습관을 들여도 좋겠다. 사전의 중국어 풀이는 생각보다 어렵지 않다. 뭔가를 풀어서 설명해주는 것이므로 최대한 쉽게 설명되어 있다. 중국어 사전을 많이 보면 내가 알지 못하는 어떤 어휘를 이끌어내고 싶을 때 중국인에게 설명해주기 쉽다. 문장을 짧게 끊어서 무엇인가를 설명하는 연습을 하는 데 사전의 풀이만큼 좋은 예가 되는 것도 찾기 어렵다.

• 통역과 관련된 일을 하고 싶다면

중국에서 대학이나 대학원을 다닐 예정이라든가 통역과 관련된 일을 하고 싶다면, 나오는 단어는 무조건 다 외워야 한다. 물론 외운다고 다 기억되는 것은 아니다. 하지만 맨 처음에는 이 단어들을 모두 외우겠다는 자세로 달려들어야 한다는 이야기다. 통역사의 가장 어려운 점은 상대방이 무슨 말을 할지 모른다는 것이다. 그러므로 한 단어도 흘리지 말고 구석구석 알아두는 것이 중요하다. 대화 중 '복어'라든가 '티눈', '꼬리곰탕' 등의 평소 잘 안 쓰는 단어들까지 척척 통역해낸다면 통역을 목표로 어휘 습득을 해왔음을 한눈에 알 수 있다.

• 특별한 전공이 있다면

중국 전문 변리사가 되려고 한다거나 중국 통상 전문가가 되려고 한다면 일반인들에게는 생소한 전문용어들도 습득해야 할 것이다. 같은 전공을 가진 사람들끼리 어휘 스터디를 만들어서 전공 어휘를 공유하고 확장해나가는 게 제일 좋은 방법일 듯하다. 당신이 만약 철강 업종에서 일하고 있다면 다른 사람들은 알 필요가 없는 세계 유수의 철강업체의 중국명을 표로 만들어 수시로 외우고, 금속 원소의 중국어를 외우는 노력 등을 기울여야 할 것이다.

• 유창한 일상 회화를 목표로 한다면

중국어를 공부하는 대부분의 사람들이 여기에 속할 텐데, 나를 비롯해서 일상회화를 유창하게 하는 데 목표가 있는 사람들은 평소 자신이 쓰는 한국어를 기준으로 삼아 어휘 습득을 하면 된다.

뉴스와 드라마 수업을 하다 보니 꽤 어려운 어휘들이 자주 출현한다. 그러면 수강생들이 "선생님, 이런 어휘까지 외워야 하나요?" 하고 질문하는 경우도 적지 않다. 내 대답은 언제나 "평소에 한국어로 쓰는 단어면, 외우세요!"다.

예를 들어 화학원소 중에서 칼슘은 누구에게나 필수단어다. 칼슘 부족, 칼슘 보충 등은 영양제나 우유, 치즈 등을 고를 때 사용하게 되는 일상용어기 때문이다. 그런데 요즘은 신장병과 관련해서 칼륨에 관한 이야기도 많이 나누고, 특히 방사선 유출이 문제가 되는 세상이다 보니 세슘이나 요오드 등도 회화에 종종 출현한다. 개인적으로는 눈꺼풀이 자주 뛰는데, 이때는 종종 "아, 나 또 마그네슘 부족인가 봐" 이런 말을 내뱉게 되므로, 마그네슘도 내게는 필수 단어다. 그러므로 어휘에는 '내가 쓰느냐, 안 쓰느냐'의 구분만 있을 뿐, '어렵다, 쉽다'의 구분은 의미 없다. 설탕은 쉬운 단어, 마그네슘은 어려운 단어가 아니다. 모두 당신이 쓰는 단어라면, 당신에게는 다 쉬운 단어여야 한다.

· 고급 어휘를 습득하려면 자신만의 단어집을 만들자

예전에 모 출판사에서 나왔던 어휘집 중에《중국어 Vocabulary 7000》이라는 단어집이 있었다. 회화를 목적으로 하는 사람들 중 전방위적으로 단어 학습을 원하는 사람 대상으로는 최적의 교재였으나, 아쉽게도 일본 서적이 원저였고, 지금은 절판되었다. 미국 대학에서 출간하는 중국어 그림사전 등의 구성도 좋지만, 아쉽게도 이 책들은 영어 원서를 번역한 것이어서 어휘면에서 일정 부분 제한이 있고, 일본에서 출간된 중국어 그림사전 한 권이 굉장히 방대한 어휘를 싣고 있는데, 이 책은 또 너무 옛날에 출판되었고 지나치게 자세하다는 맹점이 있다.

장석민 선생님의 통역대학원 책이 한국에서 출판된 어휘집 중에서는 제일 다양한 어휘를 싣고 있기는 하지만, 제목이 통역대학원 대비이다 보니 일반인이 살 엄두가 나지 않기도 하고, 방대한 양을 싣다 보니 촘촘하게 배열되어서 보기에 조금 질리는 면이 있기도 하다.

그래서 주로 구입하게 되는 어휘집은 대부분 HSK 단어집인데, 신

HSK는 권장 어휘 수가 예전에 비해 조금 줄어들었기 때문에 고급까지 배우고 싶은 학습자라면 아직까지 팔리고 있는 구HSK 어휘집 중 병, 정 단어집도 함께 구입하여 공부하는 게 도움이 될 것이다. 이제는 일반인을 위한 친절하고도 전면적인, 잘 만든 회화용 어휘집이 국내 출판사에서도 나왔으면 하는 바람이 있다.

중국통이 되고 싶은 사람들은 어휘 습득에 특별히 정성을 기울여 기존의 어휘집을 적극 활용하는 동시에 자신만의 어휘집을 만들어서 틈틈이 들여다보며 어휘 실력을 높여가자.

나만의 단어장 만들기 Tip

· 맨 위의 두 줄을 비워두고 시작하자

첫 번째 줄에는 가능하면 자신이 해당 페이지를 공부한 날짜를 적어둔다. 그러면 그 페이지를 몇 번 공부했는지 체크할 수 있다. 그리고 한 줄 띄우고 내용을 시작한다.

• **중국어, 병음, 한국어를 각각 가리고 볼 수 있도록 줄을 맞춰 쓰자**

중국어의 길이에 맞춰 들쑥날쑥하게 쓰면 한쪽을 가리고 외우거나 발음만 보고 글자를 써보거나 할 수 없다. 줄이 그어진 노트를 사거나 자신의 기준에 맞게 줄을 그어놓고 시작하자. 복습할 때는 중국어만 보면서 한 번 읽어보고, 한국어만 보면서 중국어로 말해보고, 발음을 보면서 한 번 써보면 된다. 막히는 단어는 각각 그 부분에 형광펜으로 칠해둔다. 예를 들어 '娱乐'라는 단어는 읽는 데도 문제가 없고 한글을 보고 중국어로 말해보는 데도 문제가 없었는데 쓰지를 못했다면, 발음에만 표시를 해두면 된다. 나중에 다시 그 페이지를 볼 때는 형광펜으로 표시된 곳을 유심히 체크하자.

• **마지막에 참고칸을 한 칸 마련해도 좋다**

단어의 출처나 단어를 연상시킬 수 있는 장면을 써두거나 비교가 되는 단어, 약간의 어법 팁을 적어두는 것도 좋겠다. 그 단어를 사용하는 사자성어나 속어 등이 있으면 참고칸에 적어두고, 칸이 모자랄 경우 처음 한두 글자라도 적어두면 다음에 그 단어를 공부할 때 연관 성어도 함께 떠올리거나 찾아볼 수 있다.

※단어집 만들기 예

3월1일 / 3월7일 / 4월3일

중국어	병음	한국어	참고
学生	xuésheng	학생	大学生，留学生은 1성
无影无踪	wú yǐng wú zōng	흔적도 없다	
娱乐	yúlè	오락	娱记 연예부 기자

듣기
– 하루 중 듣기에만 쓰는 시간을
반드시 따로 떼어둔다

1. 회화 교재는 반드시 소리파일이 있는 것을 선택한다.

2. 교재를 보기 전에 먼저 소리파일을 두 번 듣고 시작한다.

3. 모르는 것을 듣는 시간을 정해둔다.

4. 하루 중 듣기에만 쓰는 시간을 반드시 따로 떼어둔다.

5. 졸리면 서서 듣는다.

6. 방송 듣기는 라디오로 시작하면 좋다.

7. 잘 아는 내용으로 5~30분 분량의 소리파일을 틀어놓고 잔다.

8. 실력이 좋은데 듣기 점수가 안 나오는 건 독해가 느려서다.

9. 드라마는 자막 없이도 들어본다.

10. 듣기의 최후 과정은 섀도잉이다.

수업 교재는 반드시 소리파일을 먼저 듣고 공부한다

학원 교재든 연수 코스 교재든 1:1 회화 수업 교재든, 반드시 교재에 딸린 소리파일을 먼저 두 번쯤 듣고 단어 공부를 시작한다.

일반적으로 그냥 교재를 펴서 단어와 본문을 공부하고 소리 내어 읽는 순서로 넘어가는데, 계속 이런 순서로 공부한 사람과 소리파일을 두 번씩 먼저 들은 사람은 나중에 듣기 실력에서 차이가 많이 난다. 궁금해도 참고, 먼저 두 번 듣고 시작해야 한다.

소리파일이 없는 교재는 과감히 포기한다

교재는 많고, 시간은 없다. 전공과목이나 독해 교재, 어법책 등을 제외하고, 1:1 회화 수업처럼 교재를 선택할 수 있는 경우에는 반드시 소리파일이 있는 교재를 선택한다.

모르는 것과 아는 것을 듣는 비중을 정해둔다

교재에 딸린 소리파일만 듣는 학습자도 많다. 반드시 확인할 텍스트가 있는 경우에만 듣는 습관을 가지고 있는 것이다. 하지만 모르는 것을 듣는 것도 중요하다. 라디오나 TV처럼 그냥 흘러가는 것들을 듣는 연습도 필요하다.

초보자의 경우에는 아는 단어가 많지 않으므로 모르는 것과 아는 것을 듣는 비중을 1:10 정도에서 시작해서 어휘량이 늘어남에 따라 모르는 것을 듣는 비중을 차츰 늘려가는 것이 좋다.

하루 중 가만히 듣기만 하는 시간을 반드시 따로 떼어둔다

듣기에 쓰는 시간을 유독 아까워하는 분들이 있다. 남성분들, 특히 이과 출신이 더 그런 것 같다. 단어 공부나 어법 공부 등은 30분 하면 30분 한 것만큼 눈에 띄게 남는데, 듣기는 30분 한다고 더 들리는 느낌이 드는 게 아니므로 괜히 시간 낭비하는 것 같아 특별히 그 시간을 내게 되지 않는다. 그러나 어휘량이 느는 것과 듣기 실력이 좋아지는 것은 별

개의 사연이므로, 듣기에 일정 시간을 꾸준히 할애해야 한다. 시간이 아까워도 어쩔 수 없다.

방송 듣기 시작은 라디오가 좋다

교재 이외의 모르는 내용을 듣는 연습은 라디오를 이용하는 것이 좋다. 물론 컴퓨터를 이용하면 된다. 어린이 프로, 좌담, 뉴스, 드라마 등이 추천할 만한 프로다. 소설을 성우가 읽어주는 프로그램도 많다. 화면이 있어서 내용 이해를 돕고, 여러 사람이 앞다투어 말하기도 하는 TV보다는 라디오가 또박또박 말해주기도 하고, 여러 사람이 동시에 말하는 경우도 없어서 초보자에게 훨씬 도움이 된다.

졸리면 서서 듣는다

공부를 꼭 앉아서 할 필요는 없다. 듣기만 하려고 하면 잠이 온다는 사람들도 많다. 그런 경우에는 서서 왔다 갔다 하면서 들으면 된다. 호

텔에서 3교대로 일하던 수강생이 있었는데, 밤 근무를 하고 오면 서서 수업을 들었다. 그 수강생은 벌써 세 나라의 언어를 할 줄 아는 아가씨였는데, 서서 수업을 듣는 것을 보고 '역시 공부할 줄 아는 사람은 다르다'고 감탄했던 기억이 있다. 우리의 목적은 중국어를 효율적으로 잘 배우는 것이다. 남에게 피해만 주지 않는다면 자신에게 맞는 가장 효율적인 방법을 찾는 것이 좋다.

듣기의 최후 과정은 섀도잉이다

처음에는 공부를 마쳐서 아주 익숙한 내용으로부터 섀도잉을 시작하고, 점차 처음 듣는 내용도 소리 내어 따라 하도록 노력해본다. 섀도잉에 관한 이야기는 뒤에서 따로 강조하겠다.

평소 실력보다 듣기 시험 점수가 안 나오는 건 독해가 느려서다

중국에서 십 년을 살았는데도 구HSK 10급밖에 안 나왔다고, 도대체 11급은 누가 받는 거냐고 하던 지인들이 꽤 있었다. 실제로 그 중 일부는 나보다 회화를 더 잘했는데도 그랬다. 자타가 공인할 정도로 중국어를 잘하는데 듣기 점수가 안 나오는 것은 독해 속도가 느리기 때문이다. 초등학교가 최종학력인 한국인이라면 생활하는 데 아무 지장이 없어도 한국어 검정 시험에서 로버트 할리보다 낮은 점수를 받을 것이다. 아무리 잘 들어도, 들으면서 지문을 읽고 판단을 해야 답을 고를 수 있는데, 아직 1번을 읽고 있는데 2번 듣기 문제가 시작된다면 고득점을 바랄 수 없다.

학생이라면 이런 경우 무조건 책을 많이 읽는 데 도전해야 한다. 앞으로 중국어 외에도 시험 볼 일이 많이 남았고, 학생 시절은 그래도 책을 읽으려면 읽을 시간을 낼 수 있기 때문이다. 한국어 책을 빨리 읽으면 다른 언어도 마찬가지로 빨리 읽는다.

드라마는 자막 없이도 들어본다

중국에서 공부하다가 들어온 학생들이 내 드라마 수업을 듣다가 하는 말이 있다.

"중국에 있을 때는 드라마가 다 들렸는데요, 선생님 수업에서는 어려운 드라마를 다루는 것 같아요."

실상은 중국에서는 자막과 함께 시청을 한 거였고, 우리 수업에서는 자막을 아예 안 보이게 하고 들어보라고 하니까 안 들리는 것이다.

요즘은 약간만 성의를 가지면 얼마든지 자막 없이도 볼 수 있다. 인터넷으로 다운 받아서 시청을 한다면, 곰플레이어 등을 이용해서 화면 확대를 해서 보면 자막이 가려지고, TV로 시청을 한다면 띠지 등을 만들어서 붙였다 떼었다 하면서 시청을 해도 괜찮을 것이다.

권장하는 방법은 한 번은 자막 없이, 한 번은 자막과 함께, 또 한 번은 자막 없이… 이런 식으로 시청하는 것이다.

하루의 마무리는 5분 듣기로

공부를 다 마쳐서 익숙해진 교재의 소리파일을 잘 때 옆에 틀어놓고 자는 게 좋다. 하지만 조금이라도 모르는 부분이 있으면 뇌가 그걸 이해하려고 애쓰기 때문에 수면에 방해가 된다고 하니, 절대로 자동 반복되지 않게 해야 한다. 최장 30분 정도에서 그치도록 설정해두고 자면 좋고, 그보다 더 짧아도 괜찮다.

어학연수 시절, 낮에 공부를 마친 드라마 소리파일을 틀어놓고 잤는데, 늘 끝까지 다 못 듣고 5분이면 잠이 들어서 남편이 늘 '5분 듣기'라고 놀렸지만, 그 결과는 HSK 듣기 파트 30점 차이라는 상당한 격차로 나타났다. 고급 HSK에서 어법 100점을 받고도, 듣기에서 과락이 나서 11급을 못 받았으니 남편도 참 억울한 케이스이긴 하지만, 평소에 5분 듣기를 나와 함께 실천했으면 어땠을까 하는 아쉬움이 남는다.

- 독해에만 쓰는 시간을 제한하자

1. 단어 찾기 전에 최고속도로 한 번 읽어본다.

2. 모르는 내용을 읽는 시간을 떼어둔다.

3. 단어 뜻은 번호를 붙여 페이지의 여백에 써둔다.

4. 해석이 끝난 후엔 큰소리로 두 번 이상 읽는다.

5. 관용어가 나오면 반드시 문맥과 함께 외워둔다.

6. 독해에만 쓰는 시간을 제한하자.

7. 교재 외의 원서를 한 권 사서 처음부터 끝까지 읽어보자.

어떤 지문이든 단어를 찾기 전에 최고 속도로 한 번 읽어본다

짧은 글이든 긴 글이든 우선 한 번 최고 속도로 읽어 내려간다. 물론 소리 내지 않고 묵독한다. 시간이 조금 여유 있다면, 그 후에 소리를 내어 한 번 더 읽는다. 모르는 단어는 그냥 '~~'로 처리하고 넘어가며 읽는다.

그 후에는 늘 하듯 단어 찾고 문장 분석해가며 읽는다. 해석이 안 되는 부분이 나오면 밑줄 그어 두었다가 누군가에게 묻고 넘어간다.

모르는 내용을 읽는 시간을 떼어둔다

듣기와 마찬가지로 독해 역시 교재만 보는 것보다는 모르는 내용을 읽는 것을 병행하는 것이 좋다. 신문이나 잡지 등을 늘 옆에 놔두고 불쑥불쑥 사전 없이 훑어보자. 제목이거나 주제가 되는 단어인 듯한데 모르는 내용이라면 그때만 멈추고 사전을 찾는다. 초보자라면 하루 5분부터 시작해서 어휘량이 늘어날수록 차츰 모르는 내용의 읽는 시간을 늘려나간다.

단어를 찾아보았다면 그 뜻은 페이지의 여백에 써두자

교재든 어떤 책이든 단어를 찾으며 공부했다면, 그 단어의 발음과 뜻은 그 페이지의 여백에 번호를 붙여 촘촘하게 써놓도록 한다. 바로 그 단어 밑에 발음과 뜻을 써놓으면 두 번째, 세 번째 볼 때 그 뜻과 발음이 시야에 같이 들어오게 된다. 그러면 자신이 그 단어를 정말 알고 있는지 잘 구별할 수 없다. 이제는 안다고 착각하고 그냥 인상만 남긴 채 넘어가기 쉽다. 책 본문 안에는 모르는 단어를 체크한 형광펜 자국만 남게 해야 한다. 나중에 형광펜으로 표시한 부분만 골라서 다시 외울 수 있도록.

독해가 끝나면 큰소리로 읽는다

단어 찾고 해석하는 과정이 끝났으면 큰소리로 읽는다. 최소한 두 번은 읽어야 하고, 되도록이면 문장이 입에 착 붙는 느낌이 들도록 다섯 번 이상 읽어주면 더 좋다. 사전 찾으며 공부한 내용이 내 것이 되는 건 이 과정에서다. 소리 내어 읽는 과정을 건너뛴다면 사전 찾으며 공부했던 건 단순노동으로 남기 쉽다.

읽다가 관용어가 출현하면 반드시 외워둔다

읽는 도중 성어나 속어 등이 나오면 단어장에 기록해두고 외우고 넘어간다. 고급 중국어에 도전한다면 성어를 피해갈 수 없다. 어차피 나중에 성어 사전도 외워야 할 텐데, 그전에 한 번 더 외워둘 기회가 있다면 당연히 놓치지 말아야 한다.

성어 등 관용어에 대한 부분은 뒷부분에서 다시 다루도록 하겠다.

독해에만 쓰는 시간을 제한하자

독해는 전통적인 학습법에 제일 가깝다. 그래서 학구적인 사람이라면 온종일 독해 공부만 하기 쉽다. 내가 근무하는 학원은 꽤 넓은 자습실 공간을 제공한다. 그런데 늘 의아하게 생각하는 것은 어학원 자습실인데도 굉장히 조용하다는 것이다. 자습실 중 하나는 소리를 낼 수 있도록 하자는 건의는 늘 다른 학생 공부에 방해된다는 현실적인 이유로 받아들여지지 않았다.

외국어를 공부하면서 온종일 입을 움직이지 않았다면 문제가 많다.

단어를 찾으며 공부했더라도 최종적으로는 소리를 내서 읽어야 한다. 그리고 듣기와 섀도잉 등 회화를 위해 해야 할 다른 일들도 많다. 공부할 때 시간을 적어 두었다가 단어 공부와 독해의 비중이 너무 높지 않은지 체크하고, 필요하다면 과감히 그 중 일부를 듣기와 섀도잉 시간으로 바꿔야 한다.

원서를 읽자

언제까지나 교재만 볼 것인가. HSK 5급을 받았다면 과감히 얇은 책을 한 권 사도록 하자. 물론 한중 대조가 아닌 순수한 중국어 책이어야 한다. 华文书店 등의 중국 서적 전문 서점에 방문해도 되고, 요즘은 온라인으로도 중국 서적을 많이 구입할 수 있다.

처음에는 자신이 내용을 아는 책의 중국어 버전이면 더 좋을 수도 있다. 미루어 짐작하면서 읽을 수 있으므로 어렵지 않게 도전할 수 있을 것이다. 《读者》 등의 정통 잡지, 혹은 연예 잡지여도 괜찮다. 흥미를 느낄 만한 너무 두껍지 않은 책을 한 권 사서 우선 처음부터 끝까지 쭉 읽어본다. 모르는 단어가 나와도 참고 읽는다. 형광펜으로 모르는 단어를 체크하면서 읽어도 좋다. 책 한 권을 다 모르는 채로 읽기 너무 힘들면 우선 한 파트만이라도 참고 읽는다. 그런 후에 단어를 찾아보아도 되고 귀찮으면 그냥 계속 읽어도 된다. 책 한 권을 끝까지 다 읽고 나면, 독해 속도와 중국어 문장에 대한 감이 달라진다. 한 권을 다 읽었으면, 읽었던 책을 공부하며 다시 읽어도 되고, 그냥 다른 책으로 넘어가도 된다. 교재 아닌 책을 취미 삼아 끝까지 읽어보도록 하자.

어법과 작문

1. 정확한 발음과 성조가 어법에 우선한다.

2. 어법 중에서는 어순이 제일 중요하고, 어순은 문장을 통째로 외울 때 제일 잘 익혀진다.

3. 기본 어법을 다 배우기 전엔 자유 작문을 하지 말자.

4. 기본 코스 교재의 본문은 반드시 다 외우자.

5. 끊어 읽기에 민감하자.

6. 어법 책은 단계당 한 권이면 충분하다.

7. 한국어와 다른 품사, 특이한 품사의 단어는 반드시 기억해둔다.

8. 작문을 할 때는 문장이 너무 길어지지 않도록 한다.

9. 빨리 말하는 것보다 바르게 말하는 것이 중요하다.

제발 작문 좀 하지 마세요

너무 죄송한 얘기지만 내게 힘든 기억으로 남은 수강생이 있다. 내가 담당하던 2단계 과정의 분당에 사는 남자분이었다. 2단계는 영어로 치면 5형식을 배우는 단계로, 2단계를 마치기 전에는 중국어 문장을 제대로 만들 수 없다. 2단계는 본문 외워 오는 숙제가 필수였다. 접속사 구문을 배우는 3단계를 마치기까지는 자유 작문은 오히려 해가 되고, 외워 둔 본문에서 단어만 바꾸어 하는 작문에 집중해야 한다. 그런데 이 수강생은 얼른 배우고자 하는 열의가 넘쳐서 하고 싶은 모든 말을 중국어로 작문해왔다.

분당에서 강남까지는 40분이 걸렸는데, 그 40분 동안 내게 들려줄 중국어 문장들을 잊어버리지 않기 위해 다 외워 왔다. 어법을 채 배우지 않았으므로 맞는 문장은 거의 하나도 없었다. 문제는 강남까지 오는 동안 너무 열심히 외웠기 때문에 내가 그 문장이 틀렸다고 고쳐줘도 이미 수정된 문장이 입력될 여지는 없었다. 그리고 막상 외워 오라는 본문은 작문할 시간도 모자라서 한 번도 제대로 외워오지 못했다. 그 학생은 매우 열심히 공부했지만, 우리 반에서 제일 엉망인 상태로 3단계로 올라갔고, 그 후로도 썩 잘했을 것 같지는 않다.

吃와 多, 두 단어만으로 문장을 만든다고 해도, "많이 먹어~"는 多吃, "많이 먹었어요"는 吃得很多, "너무 많이 먹으면…"은 吃多了로, 어순 자체가 다르다. 절대 다른 경우와 통용되어 쓰이지 않으므로, 이 어순을 다 배우기 전에는 작문을 해서는 안 된다. 아무것도 배우지 않고 들리는 대로 외국어를 습득할 수 있는 나이는 중2 이전이라고 한다. 중2 이상의 나이에서는 아무리 원어민의 말을 많이 들어도, 우리의 뇌 속으로 들어올 때는 모국어의 어순으로 입력이 된다고 한다.

당장 하고 싶은 말이 아무리 많아도 기본 어법을 다 배우지 않은 상태에서는 본문 외우기에 정성을 쏟아야 한다. 외워 둔 본문에서 단어만 바꾸어서 여러 번 연습하면 서서히 어법이 체화된다. 접속사 구문까지 다 배운 후에 차츰 자유 작문을 해보는 것이 중요하다.

어순과 끊어 읽기에 민감하자

가끔 "중국인들도 발음 성조가 정확치 않던데요? 그런데도 그 사람들 끼리는 의사소통이 잘 되던데요?" 하고 묻는 학생들이 있다. 물론 그렇 기는 하다. 제일 큰 요인은 어순과 끊어 읽기가 정확하면 발음이 다소

부정확해도 의사전달이 되는 측면이 있다.

어법에 강해지고 싶다면, 어순에 집착하자. 그리고 그 어순은 문장을 통째로 암기했을 때 가장 정확히 입력된다.

하루는 드라마 수업 중에 "你敢不跟我结婚?"*이라는 문장이 나왔는데, 한 학생이 "어, 부조동목인데?" 하고 소리를 쳤다. 처음 듣는 소리여서 무슨 얘기냐고 했더니, '부정부사 + 조동사 + 동사 + 목적어' 순서여야 하는데, 배우의 대사가 어순에 안 맞는다는 얘기였다. 어디서 배웠냐고 했더니 HSK 반에서 외운 공식이라고 했다. 내 생각에는 부조동목이라는 공식을 외운 사람보다는 "我不想喝咖啡"**라는 문장을 외운 사람이 회화 실력은 물론 시험 점수도 높을 것 같다.

기초 코스 교재엔 기본 어법이 다 들어 있다

왕초보의 경우에는 별도의 어법책이 필요 없다. 분명 인강이든 학원이든 등록을 하고 기본 코스를 밟게 될 테고, 기본 코스의 교재에는 어

---

* 네가 감히 나랑 결혼을 안 해?
** 나는 커피를 마시고 싶지 않다.

법이 다 들어 있어서 굳이 별도의 어법책을 살 필요는 없다. 다시 말하면 왕초보로 시작해서 4,5개월까지는 특별한 어법책이 필요 없다는 게 내 생각이다.

어법책은 단계당 한 권이 적당하다

중국어를 배우고 4,5개월이 지난 후 기본 어법도 어느 정도 배운 것 같고, 뭔가 정리가 필요하다면 어법책을 한 권쯤 사거나 어법반을 한 달쯤 들어도 좋다.

어법책은 초급, 중급, 고급, 이렇게 세 권이면 충분하고, 여기에 더해 어휘 관련 어법책을 한 권 더 구입하면 된다.

개인적으로 초급 어법책으로는 시사북스의 《왜라는 질문에 대답해주는 중국어 문법책》이 좋았고, 중급으로는 HSK 관련 어법 책들이 괜찮은 게 몇 권 있는 것 같다. 영어의 《BUILDING ENGLISH SENTENCES》와 비슷한 구성의 중국어 실용어법 시리즈를 출판하는 게 나의 개인적인 중장기 목표이기도 하다. 초급과 중급은 개인의 취향에 따라 다른 책을 고를 수도 있겠으나, 고급 어법책은 단연 《现代汉

语实用语法》을 추천한다. 중국어 원서를 봐도 좋겠고, 번역본을 볼 수
도 있겠다. 문법책은 이 정도면 되고, 어휘 관련 어법책으로는《800词》
를 한 권 구비해두면 편하다. 역시 원서와 번역본이 다 있으니 편한 것
으로 사면 된다.

초급 책은 중국어 공부 시작한 지 4~6개월쯤 후에 한 권을 처음부터
끝까지 훑어보는 게 좋다. 여태까지 배웠던 중국어가 일목요연하게 정
리되는 느낌을 가질 것이다. 중급 어법 책은 하루에 몇 쪽씩 분량을 정
해서 읽어나가면 좋고, 고급 어법책과《800词》는 막힐 때, 필요한 부분
만 골라서 정독하면 좋다. 반복하지만 어법 책은 단계당 한 권이면 충
분하고, 어법에만 천착하다 보면 입이 안 열릴 수도 있다는 것에 주의
해야 한다.

한국어와 다른 품사, 특이한 품사들은 기억해둔다

예를 들어 한국어에서 '~~도'는 조사여서 앞말에 붙여 읽는다. "나도~"
까지만 말해도 한 문장이 될 수 있다. 그러나 중국어에서 같은 뜻의 也는
부사다. "也好", "也是"라는 문장은 있을 수 있어도, "我也"라는 문장

은 있을 수 없다. 끊어 읽을 때도 늘 뒷말에 붙여 읽어야지 앞 말에 붙여 읽으면 틀린다.

男, 女 같은 단어들은 한국어에서는 명사로 쓰이지만, 중국어에서는 비술어 형용사로 쓰여서, '三个男, 三个女' 이런 식으로 말하면 틀린 표현이다. 이런 특이한, 혹은 한국인의 예상과 달리 쓰이는 품사의 단어들은 반드시 기억해둬야 한다.

작문은 익숙한 구문으로, 짧게 끊어 쓰면서!

작문은 평소에 외워 두었던 문장 중심으로 익숙해서 안전한 느낌을 주는 구문 내에서 하도록 한다. 특히 문장이 길어지지 않도록 유의한다. 한국어 문장은 두어 줄까지도 이어진다. 중국어는 한 글자가 충분한 뜻을 가지고 있으므로 문장 자체가 그렇게 길지 않고, 길이가 길어지다 보면 요지를 놓치기가 쉬워서 읽는 중국인이 피로를 느낀다. 읽는 사람에게 피로감을 주면, 시험이라면 단연 감점요인이 된다. 문장이 너무 늘어지지 않게 짧게짧게 끊어 쓰도록 한다. 한 문장 내에서 하고 싶은 이야기를 다 하고 매끄럽게 다음 문장으로 넘어가는 게 좋다. 성어나 속어를 활용하는 것도 문장이 길어지지 않게 하는 훌륭한 작문 스킬이 된다.

빨리 말하는 것보다 바르게 말하는 게 중요하다

가끔 어학연수에서 돌아온 학생 중에 안타까운 경우를 보게 된다. 중국 가기 전보다 어휘는 훨씬 더 많아지고 말하는 속도는 빨라졌지만 어순은 전혀 교정이 안 된 경우다.

외국인이 한국어를 배운다고 생각해보자. 초급 단계라면 "어제 나는 간다 부산, 타고 기차" 이렇게 이야기해도 그가 한국어로 말한다는 자체가 기특하고, 의사소통이 됐다는 사실에만 감격할 것이다. 그런데 1년이 지나고 2년이 지나도 그 외국인이 말하는 속도만 빨라졌을 뿐 여전히 "어제 나는 간다 부산, 타고 기차"라고 이야기한다면 느낌이 어떻겠는가? 물론 간단한 의사소통에는 커다란 문제가 없을 수 있다. 하지만 시험 점수가 높게 나오지 못하는 것은 물론이고, 깊은 의사소통을 하는 데는 분명 무리가 따를 것이다.

이런 현상이 보이는 것은 문장을 외우는 노력을 하지 않아서 그렇다. 공부하는 세월이 길어질수록 외운 문장이 쌓여가야만 어순이 제대로 잡히고, 점점 더 길고, 점점 더 유창하게 말할 수 있다.

HSK 준비
– 최소한 4세트의 모의고사를 풀어보고 시험에 참가하도록 하자

1. 시험 성적만 필요하다면 HSK 속성반을 듣는다.

2. 회화 실력이 필요한 경우라면 회화 수업과 HSK 수업의 비중을 3:1~4:1로 잡는다.

3. HSK 시험에 참가하기 전에 반드시 4세트 이상의 모의고사를 풀어본다.

4. 풀어본 모의고사는 반드시 복습을 통해 정답을 이해하고 넘어간다.

5. 모의고사를 풀 때는 본문 안에는 아무 표기도 하지 않고 백지로 남겨둔다.

6. 올바른 지문 부분의 소리파일을 편집해서 자주 듣고, 따라서 말해본다.

7. 대학생이라면 학기 중에는 회화를, 방학 때에는 HSK 수업을 듣는다.

8. 직장인이라면 주중에는 회화를, 주말에는 HSK 모의고사를 풀거나 수업을 듣는다.

9. 급수가 필요한 경우라면 목표 기간을 설정해두고 그 안에 따도록 노력한다.

시험 성적만 필요하다면

중국어 회화 실력은 그다지 필요없지만 취업할 때 한 칸 써넣을 시험 점수가 필요하다면, 당연히 HSK 속성반을 듣는 게 좋다. 하지만 이 경우에도 누누이 강조하듯 발음만큼은 한 달 동안 제대로 배우고 시작해야 한다. 요즘은 짧은 기간 내에 점수를 내주는 HSK 전문 과정이 많아서 자신에게 맞는 강좌를 선택해서 강사의 지도대로 잘 따라 하면 짧은 기간 내에도 목표하는 점수를 낼 수 있다. 해오라는 분량의 복습을 제대로 해야 함은 물론이다.

궁극적으로는 회화 실력이 필요한 경우라면

시험 성적도 필요하지만 궁극적으로는 회화 실력이 필요한 경우라면, 학원의 정규 코스를 먼저 끝낼 것을 권한다. 학원마다 정규 회화 코스가 있고, 6~10개월 정도의 과정으로 이루어져 있다. 먼저 정규 회화 코스를 중단 없이 끝내고 HSK 수업을 한두 달 들어서 4,5급을 따도록 한다. 그 후에는 다시 회화 수업을 4개월 정도 듣고, 다시 HSK 수업을 한

두 달 듣고 5,6급에 도전한다. 시험 성적은 자신의 회화 실력과 같거나 점수가 회화 실력보다 살짝 높은 것이 이상적이다. 회화가 목적이라는 사람이 1년 내내 HSK 수업만 듣는 걸 보면 조금 답답한 생각이 든다. HSK 수업에서는 단어를 많이 외우고 어법을 명확하게 해주지만, 주로 강사가 설명하고 학생들은 듣기만 하는 수업이므로 궁극적으로 입이 열리게 해주기는 조금 어렵다. 회화가 목적이지만 점수도 필요한 경우라면 회화 수업과 HSK반 수강 비율을 4:1 혹은 3:1 정도로 하는 게 좋다.

같은 실력에서 최고 점수를 뽑아내려면

HSK 수업을 한 달 수강하면서 동시에 개인적으로 모의고사 문제를 최소한 4세트 풀어보도록 하자. 정식 시험과 똑같은 시간, 똑같은 방식으로 가만히 앉아서 시간을 체크하면서 문제를 풀도록 한다. 풀어본 문제지는 반드시 복습을 통해 똑같은 문제를 틀리지 않도록 하는 것이 제일 중요하다. 문제를 풀기만 하고 지나가면 다음에 같은 문제가 나와도 여전히 틀릴 수밖에 없다.

예전에 토익 학원에서 들은 이야기로는 같은 실력이라면 모의고사를 복습과 함께 20세트 풀어보았을 때 자신의 최고 성적을 낼 수 있다고 한다. HSK 응시료도 싸지 않은데, 모의고사도 안 풀어보고 매번 시험에만 참가한다면 그야말로 돈 낭비가 되기 쉽다. 반드시 최소한 4세트의 모의고사를 풀어보고 시험에 참가하도록 하자.

교재 사용법

HSK 문제집은 언제나 다시 풀어본다는 전제로 사용해야 한다. 다음에 볼 때도 깨끗한 상태로 문제를 새로 풀 수 있도록 본문 안에는 아무것도 적지 않아야 한다. 대신 본문 사방의 여백에 번호를 붙여서 단어 해석이며 문법 팁 등을 적어놓도록 하자. 본문 안에는 형광펜 자국과 그 문제를 맞았는지 틀렸는지 체크해놓은 것만 보여야 한다.

第二部分

说明: 　61~80题，每个句子中有一个或两个空儿，请在 Ａ Ｂ Ｃ Ｄ 四个答案中选择唯一恰当的填上（在答卷的字母上面一横道）。

例如: 　　67.　我昨天买了一 ＿＿＿＿ 钢笔。

A. 件　　　　B. 块

C. 支　　　　D. 条

我们只能说："我昨天买了一支钢笔"，所以第67题唯一恰当的答案是C，你应在答卷上找到号码67，在字母C上面一横道，横道一定要画得粗一些，重一些。

67.　　[A]　　　[B]　　　■　　　[D]

---

61 这儿 ___ 银行有多远啊？
A. 从
B. 离
C. 在
D. 打

chǔlǐ 처리하다

64 他会处理好这件事的，你 ___ 担心。
A. 可能
B. 必须
C. 未必　　wèibì 꼭 그런건 아니다
D. 不必

yóuyù 주저하다

62 你再犹豫，机会就给错 ___ 了。
A. 下来
B. 过来
C. 过去
D. 下去

jìrán 기왕에

65 事情既然已经发生了，你再怎么责怪他又有什么用 ___ ？
A. 吧
B. 吗
C. 呢
D. 啦

63 你的话是什么意思，我不 ___ 。
A. 了解
B. 明白
C. 解释　　jiěshì 설명하다, 변명하다
D. 说明

66 这么多年，我们一直 ___ 着联系。
A. 建立
B. 保持
C. 拥有　　yōngyǒu 소유하다
D. 维持

第二部分

说明：　61~80题，每个句子中有一个或两个空儿，请在 A B C D 四个答案中选
择唯一恰当的填上（在答卷的字母上面一横道）。

例如：　　　　67.　我昨天买了一 ________ 钢笔。

A. 件　　　　B. 块

C. 支　　　　D. 条

我们只能说："我昨天买了一支钢笔"，所以第67题唯一恰当的答案
是C，你应在答卷上找到号码67，在字母C上面一横道，横道一定要画得
粗一些，重一些。

67.　[A]　　[B]　　■　　[D]

61 这儿 ___ 银行有多远啊?

A. 从

B. 离

C. 在

D. 打

62 你再犹豫①，机会就给错 ___ 了。

A. 下来

B. 过来

C. 过去

D. 下去

63 你的话是什么意思，我不 ___ 。

A. 了解

B. 明白

C. 解释②

D. 说明

64 他会处理③好这件事的，你 ___ 担心。

A. 可能

B. 必须

C. 未必④

D. 不必

65 事情既然已经发生了，你再怎么责
怪他又有什么用 ___ ？

A. 吧

B. 吗

C. 呢⑤

D. 啦

66 这么多年，我们一直 ___ 着联系。

A. 建立

B. 保持

C. 拥有⑥

D. 维持

① yóuyù 주저하다
② jiěshì 설명하다, 변명하다
③ chǔlǐ 처리하다
④ wèibì 꼭 그런건 아니다
⑤ jìrán 기왕에
⑥ yōngyǒu 소유하다

소리파일을 편집할 수 있다면

　HSK 문제집의 소리파일을 편집할 수 있다면, 소리파일을 편집해서 반복해서 들으면 제일 좋다. 개인적인 성향인지 몰라도 편집되지 않은 HSK 문제집 소리파일을 듣는 데는 너무 많은 인내심이 필요하다. 음악도 나오고, 공백도 있고, 몇 번 문제라는 안내도 나오고… 올바른 지문을 읽어주는 부분만 끊어서 소리파일을 편집해서 듣고, 따라 읽고, 외우자. 시험에 나오는 문장들은 유형이 비슷하므로 한 번 시험에 나왔던 문장들을 외워 두는 것은 다음번 시험 준비에 큰 도움이 된다. 또한 HSK 시험이라는 것이 생활 중국어 능력을 테스트하는 시험이어서 일상생활에서도 무리 없이 쓸 수 있는 좋은 문장들로 문제를 만들기 때문에 시험 문제와 답을 외우면 회화에도 분명히 큰 도움이 된다.

대학생이라면 학기 중엔 회화를, 방학 때는 HSK를

　요즘은 학점 관리가 중요해서 대학생들은 방학 때만 학원에 다니는 경향이 있지만, 중국어 회화를 하고 싶다면 방학 때만 해서는 되지 않으

므로 학기 중에 꾸준히 회화 수업을 듣든가 중국인 친구와 1:1 회화 훈
련을 할 수 있으면 좋다. 학기 중에는 시간 조정을 잘해서 회화를 꾸준
히 하도록 하고, 방학 때는 집중해서 HSK 수업을 듣고 급수 따기에 도
전하자. 학기 중에는 상대적으로 학원에 수강생이 적어서 회화 수업을
더 효과적으로 할 수 있다.

직장인이라면 주중에는 회화를, 주말에는 HSK를

직장인이라면 되도록이면 새벽반을 듣도록 하자. 저녁반은 개인적인
의지로 통제되지 않는 상황이 너무 많이 생겨 개근하기가 어렵지만, 새
벽반은 의지만 있으면 개근할 수 있다. 주중에 회화반을 듣고, 주말에는
집에서 HSK 모의고사 문제집을 한 번 풀어보면 좋다. 그렇게 4,5개월
한 후에 새벽이나 주말에 HSK 수업을 한두 달 더 듣고 시험에 참가하
고, 다시 회화반을 이어서 들으면 큰 도움이 된다.

HSK 급수는 1년 내로 다 따면 좋다. 어차피 중국어 공부는 평생 해야 하는데, 이 년, 삼 년 시험 공부만 하면 재미없다. 개인마다 시험 점수가 필요한 이유와 기간이 있을 텐데 하염없이 시험 공부만 하지 말고 기간을 정해서 그 기간 내에 집중해서 공부해 점수를 따는 것이 좋다. 그리고 나머지 기간에는 회화에 시간을 투자하는 것이 제일 현명한 공부법이다.

IBT와 PBT

요즘은 컴퓨터로 HSK 시험에 응시할 수 있다. 나처럼 글자 쓰는 것 싫어하고 컴퓨터 좋아하는 사람에게 딱 맞는 시험인 것 같다. 예전에 내가 HSK 시험을 칠 때는 평소에 통 안 쓰다가 시험 임박해 글자 쓰는 연습을 하느라 HSK 시험을 한 번 치르고 나면 한 달씩 회화가 후퇴하곤 했다. 하지만 IBT 방식으로 시험을 치면 이런 부작용이 없을 터이니 요즘 시험 보는 사람들이 부럽기도 하다. IBT 방식과 전통적인 PBT 방식

모두 똑같은 HSK 시험 성적표가 나온다. 그러므로 컴퓨터에 익숙한 사람이라면 IBT 방식으로 시험에 응시해도 좋을 것이다. 물론 이 역시 모의고사 문제를 여러 번 풀고, 시간 분배와 방식에 익숙해진 후에 정식 시험에 참가해야 할 것이다.*

성적 제출을 위한 HSK 시험은 한국에서

이러저러한 이유로 국내 여러 기관에서는 한국에서 본 HSK 시험 성적을 더 인정한다고 한다. 그러므로 어딘가에 성적표를 제출하기 위해서 시험을 보는 것이라면 중국 어학연수 중이거나 유학 중이어도 미리 등록해 두었다가 잠시 한국에 들어왔을 때 HSK 시험을 보는 것도 한 방법이겠다.

---

* HSK 공정은 전문 강사의 의견을 참고

회화 수업과 달리 HSK 수업만큼은 본인의 학습 의지만 있다면 인강도 훌륭한 학습도구가 될 수 있다. 물론 학원의 HSK 속성반처럼 압력을 가해주는 사람이 없어서 강제성이 떨어지긴 하지만, 시간과 비용에 제약이 있다면 본인에게 잘 맞는 인강을 찾아서 수강해도 좋겠다.

회화
-하루 30분은 반드시 섀도잉에 쓰자

1. 회화는 독학이나 인강으로 공부하기 힘들다.

2. 중국어 회화에 최소한 2년은 투자하겠다는 계획을 잡는다.

3. 적어도 첫 6개월은 일주일에 6일 동안 하루 3시간을 중국어에 쓰자.

4. 3시간 중 1시간은 이동시간을 이용한다.

5. 일주일에 3번은 준비된 주제로 1시간 동안 회화를 하자.

6. 수업에 쓰이는 회화 교재는 외우고 넘어간다.

7. 학원 수업이 제일 좋지만, 시간이 없다면 전화 중국어 등으로라도 중국인과 직접 회화를 해야 한다.

8. 互相帮助는 중국인 친구를 사귄다는 데에만 의미를 두는 게 좋다.

회화에 도움이 되는 인강은 없을까요?

내가 많이 받는 질문 중의 하나다. 하지만 아쉽게도 인강은 회화에 그다지 도움이 되지 않는다. 인강이 제일 효과적인 것은 기본 어법과 HSK 문제 풀이 영역이다. 정말 회화가 필요하다면 최대한 학원에 다니고, 정여건이 안 된다면 전화 중국어나 1:1 수업 등을 알아보고 어떻게든 회화 수업을 이어나가야 한다. 물론 부교재로 활용하기에 좋은 인강들은 많다. 여러 가지 회화 패턴이 들어 있어서 분야별 어휘 습득도 가능하고 반복 학습도 가능하므로, 학원 수업 혹은 1:1 수업과 더불어 인강을 부교재로 활용할 수 있다면 효과는 배가될 것이다.

학원 혹은 1:1 수업이 중단되지 않도록 하자

들을 때마다 무릎을 치게 되는 관용어가 있다. 외국어 학습에 이만한 명언은 없지 않을까 싶다. "学如逆水行舟，不进则退"가 그것으로, '배움은 물을 거슬러 배를 저어가는 것과 같아서 나아가지 않으면 퇴보한다'는 뜻이다. 회화가 정말 필요하다는 분들이 학원을 쉬겠다고 이야기할 때는 안타까운 마음이 든다. 쉬겠다는 수강생들을 우리가 말리는 것이 정말 수강생들을 위해서인지, 학원의 수입을 위해서인지 우리 자신도 명확히 알고 싶어서 강사들끼리 모여 앉아 이야기를 나눠본 적이 있다. 학원 수업이 벅차서 한두 달 쉬면서 복습하며 기초를 다지고 오겠다고 하는 수강생들 중에서 한두 달 후에 더 높은 수준으로 복귀한 경우가 있었냐고 서로 물어보았다.

대화를 나누던 대여섯 명의 강사 중에 한 명이 그런 경우를 한 번 봤다고 대답을 했고, 그 예로 언급된 수강생은 우리 강사들 모두가 아는, 그런 사람이 아마 나중에 역사에 남는 위인이 되지 않을까 싶은, 정말 초인적인 의지를 가진 분이었다. 하지만 나같이 평범한 사람들은 학원을 쉬면 공부도 쉬고, 헬스클럽에 돈을 내지 않으면 운동 자체를 안 한다.

회화가 정말 필요하다면 최소한 주말반이라도 계속 다녀야 하고, 아니면 전화 중국어나 화상 수업이라도 등록해서 한 달도 끊어지지 않도록 해야 한다. 어른이 되어서 남의 나라 말을 배운다는 것은 쉬운 일이 아니다. 한 달 쉬면 두 달 퇴보한다.

어느 언어라도 6개월 만에 마스터할 수는 없다

자신감 있게 말하는 것은 언제나 좋은 태도다. 어차피 외국어인데 잘 못한다고 주눅들 이유는 절대 없다. 간단한 말은 배우는 첫 달부터 할 수 있다. 배우는 첫 달부터 '나는 중국어 할 수 있다'고 생각하자. 하지만 6개월에 마스터하리라고 생각하면 자신에게 실망하기 쉽다. 6개월에 그 정도 하면 충분히 잘하는 것인데도 '벌써 6개월이나 됐는데, 난 왜 이것 밖에 안 될까' 하고 생각하면 공부가 재미없어질 수 있다. 주눅들어 있는 당신에게 자신 있게 말해주고 싶다. 그게 정상이라고.

배우기 시작한 첫 한두 달은 중국어 발음을 입에 익히는 데 주력해야 한다. 요즘은 모든 학원들이 빨리 가르쳐주는 걸 슬로건으로 내걸어서 학생들의 발음이 예전만 못한 점이 참 아쉽다. 급할수록 돌아가라는 말은 중국어를 위한 말이 아닌가 싶다. 평생 쓸 중국어가 결국에는 발음으로 평가 받게 된다는 것을 초반에 알 수만 있다면, 처음에 그렇게 서두르지 않을 것 같다. 내가 하는 중국어가 내 귀에 즐거울 때 중국어 공부를 끝까지 할 수 있다. 발음을 정확하게 하는 데 조금 더 시간을 쓰고, 조금 더 정성을 기울이자. 중국어를 실제로 쓰게 되는 현장에서는 HSK 점수보다 발음이 더 중요하다.

그러므로 6개월에 마스터해야지 하는 마음가짐을 가지는 것보다는 학습 개월 수에 맞는 실력을 갖추도록 노력해야 한다.

1~2개월 : 발음에 집중한다

3~4개월 : 기본 어법을 숙지한다.

5~6개월 : 단어량을 늘리고 접속사 구조에 익숙해진다.

7~12개월 : HSK 점수를 따고 서바이벌 중국어를 익힌다.

12~24개월 : 듣기 능력을 높이고, 전방위적인 회화 주제를 다뤄본다.

그날 배운 단어를 놓치지 않고 용법을 이해하고 그 단어가 쓰인 문장을 외워 둔다면, 이것이 바로 그날 배운 것을 마스터한 것이다. 너무 거창하게 중국어를 마스터해야지 하고 생각하지 말고, 오늘 배운 것을 마스터해야지 하는 각오를 가지면 6개월 후에는 기본적인 의사소통은 할 수 있다.

일주일에 6일, 하루 3시간씩 중국어 공부를 하자

일반적인 경우 대략 천 시간의 인풋이 있을 경우 말문이 트인다고 한다. 일주일에 6일 동안 매일 3시간씩 공부한다면, 1년이면 대략 천 시간이 된다. 이 정도면 어느 정도 의사소통을 할 수는 있지만, 자신은 늘 답답하다고 느낄 수 있다. 여행 중국어가 아니라 업무에서 사용할 만큼의 실력을 가지려면 아무래도 2년은 해야 한다.

직장 다니면서 하루 3시간 내기가 쉬운 일은 아니지만 해내는 사람도 적잖다. 제일 권할 만한 것은 학원을 새벽반으로 다니는 것이다. 저녁반은 의지만으로 개근하기 어렵다. 야근도 있고, 친구들도 만나야 하고, 가족모임도 있고. 저녁반을 개근하려면 인간관계를 정리해야 한다. 물론 그렇게 하는 사람들도 있지만, 그렇게까지 하기는 힘든 경우가 대부분이다.

새벽반은 자신의 의지만 있다면 개근할 수 있다. 주말반은 안 다니는 것보다는 물론 훨씬 낫지만, 아무래도 주중반을 꾸준히 다니는 것보다는 효과가 덜하다. 대학생이라면 학기 중에는 주말반을, 방학 기간에는 주중반을 듣는 게 좋다. 직장인들 중에서 직장이 학원에서 너무 멀거나 이미 중국어 기초가 어느 정도 있는 사람들은 주말반이 적합할 수도 있겠지만, 처음부터 끝까지 주말반으로만 배우려고 하면 그것도 의지가 참 많이 필요한 일이다.

3시간을 꼬박 책상 앞에 앉아 있어야 하는 것은 아니다

학원을 주 5일반으로 다녀서 하루 1시간 수업을 듣는다고 하면, 집에서 1시간 앉아서 예습 복습하고, 손에 단어장을 들고 다니면서 틈틈이 단어를 외우고, 이동하는 동안에 휴대폰을 이용해서 소리파일을 들으면 된다. 이동 시간과 자투리 시간을 이용해서 1시간 동안 공부하면 되므로 체감 자습시간은 1시간이 된다. 외국어 하나를 마스터하기로 했다면, 이 정도는 해주어야 한다. 주중에 학습시간이 미흡했다면, 토요일이나 일요일 중에 하루는 서너 시간쯤 집중해서 공부해준다.

단어를 외우는 것과 이미 공부했던 본문을 외우는 과정은 되도록 손에 들고 다니는 자료를 이용하여 자투리 시간에 하면 좋다. 자리에 제대로 앉아서 단어를 외우기에는 시간이 너무 아깝다. 단어만 외우다가 일어나게 되기 쉽기 때문이다.

학원 수강생들에게 집에서 어떻게 공부하냐고 물어보면, 아쉽게도 단어와 본문을 공부했다고 하는 분들이 많다. 단어를 열심히 외우고 써 보고, 본문 읽고 끝내는 경우가 대부분이지 싶다. 1시간은 반드시 자투 리 시간을 이용하고, 집에서 하는 공부 1시간 중에 30분은 반드시 섀도 잉에 쓰자.

하루 30분은 반드시 섀도잉에 쓰자

지금 내가 맡고 있는 스크린 중국어반은 뉴스와 드라마를 공부하는 반이어서 최소한 HSK 5급은 되어야 수강할 수 있다. 대부분은 6급 초 반 정도의 실력에 우리반에 들어오게 되는데, 그런데도 처음에는 전혀 못 알아듣는 수강생이 부지기수다. 읽고 해석하는 것은 전혀 문제가 없 는데, 똑같은 문장을 알아듣는 것은 완전히 다른 사연이다. 수업시간에 섀도잉을 해보면 당황하는 분들도 많다.

한번은 "선생님은 저게 따라 하기가 되세요? 선생님이 한 번 해보세 요" 하고 내게 요구했던 수강생도 있었다. 공부를 처음 할 때부터, 그러 니까 "你好，再见"에서부터 하루 30분씩 따라 했다면 전혀 어렵지 않 은 문장들이다. 그냥 앉아서 눈으로만 공부해 와서 그렇다.

듣고, 말하는 것은 결코 어려운 일이 아니다. 평소에 연습할 때, 듣고 말하면 된다. 눈으로 읽고 손으로 쓰는 공부만 하면서, 쓰는 공부가 쌓이고 쌓여서 말하고 듣기로 양질변환이 이루어질 수 있다고 생각한다면 그건 큰 오산이다. 듣기가 쌓여서 듣기 실력이 되고, 말하기가 쌓여서 말하는 실력이 된다. 하루치의 중국어 공부를 마치고, 내가 얼마나 입을 움직였는지를 돌이켜보면 공부를 잘한 것인지 알 수 있다. 중국어 공부를 1시간 동안 했는데 입을 바삐 움직인 기억이 별로 없다면 공부를 잘못 하고 있는 중이다. 앞서서 공부할 시간이 하루에 30분밖에 없다면 그 30분 동안 섀도잉을 하자.

互相帮助

요즘은 한국에 나와 있는 중국인이 많아서 互相帮助*를 하는 경우도 많다. 특히 대학생이라면 학교 내에서 互相帮助를 할 수 있는 중국인 유학생을 쉽게 만날 수 있다. 互相帮助는 수업료가 들지 않는다는 장

---

* 각자의 언어를 무료로 가르쳐주는 언어교환

점이 있지만 막상 중국어 습득에는 큰 도움이 되지 않는다는 단점이 있다. 互相帮助를 하면서 큰 효과를 보고 싶다면 맨 처음부터 규칙을 명확히 해두는 것이 좋다. 1시간을 만날 경우 앞의 30분은 정확히 한국어로만 이야기하고, 뒤의 30분은 정확히 중국어로만 이야기하는 것이 좋다. 1시간 내내 중국어랑 한국어를 적당히 섞어서 이야기하면 서로를 이해하고 의사소통 하는 데는 도움이 되어도, 각자 한국어 실력과 중국어 실력을 높이는 데는 크게 도움이 되지 않는다. 아무리 답답해도 30분 혹은 1시간은 한국어로만, 나머지 30분 혹은 1시간은 중국어로만 대화를 하는 게 좋다.

성의 있는 친구를 만난다면 互相帮助를 할 때 돌아다니면서 이야기를 하는 것보다는 한 자리에 앉아서, 상대방이 틀리게 말한 문장을 컴퓨터에 올바른 문장으로 고쳐 써주는 형식으로 이야기를 하면 좋다. 30분이 지난 후 오늘 쓴 문장을 상대에게 메일로 보내주고, 자리를 바꿔 앉아서 이제는 상대가 내 문장을 고쳐서 입력해주면 된다.

그런데 대부분의 경우 互相帮助는 서로에게 뭔가를 명확히 요구하기가 조금 어렵고, 서로 약속시간을 안 지키는 경우도 많다. 만나서는 여기저기 다니면서 밥을 먹거나 쇼핑을 하는 경우가 많아 공부시간이 짧기도 하고, 상대가 시간을 지키지 않는다고 해도 돈을 준 게 아니므로 책임을 묻기도 어렵다. 그래서 내 생각에는 互相帮助로는 중국인 친구를 한 명 사귄다는 데 의미를 두고, 언어는 돈을 내고 배우는 게 효율적일 것 같다. 돈을 내고 배운 언어를 중국인 친구와 이야기하면서 활용할 수 있다면 중국어 습득 속도가 훨씬 빨라질 것이다.

좋은 수업을 찾는 노력과
수업 내용을 내 것으로 만드는 노력을 병행한다

학원 수업이라면 분명히 체계적으로 가르치는 학원과 강사가 있게 마련이고, 전화 중국어나 화상 중국어, 1:1 수업도 성의껏 해주는 사람이 분명히 있다. 아이들 학원만 발품 팔며 알아볼 게 아니라, 내가 배울 중국어도 조금 발품을 팔아서 기왕이면 체계적으로 가르치는, 성의 있는 강사에게서 배우면 좋겠다.

정규코스야 일정 규모 이상의 학원들은 대부분 체계적으로 가르치지만, 자유회화반은 그야말로 강사 재량이므로 수업의 질이 천차만별이다. 조금 수소문해서 매시간 정확한 주제를 가지고 예습, 복습을 해오도록 하고, 수업시간에 수강생들이 입을 여는 기회를 많이 주는 수업을 들어야 한다. 기초코스를 같이 들었던 동료들에게 수소문해보면 분명 좋은 수업을 알아낼 수 있다.

　강사만 노력해서는 좋은 결과를 얻을 수 없다. 매일 배운 내용의 일부는 반드시 외우고 넘어가야 한다. 교재가 있는 수업이라면 그날 배운 본문은 다 외우도록 하고, 프린트 교재를 사용하는 수업이라면 그날 배운 내용 중 나중에 사용하고 싶은 문장 다섯 개를 골라서 꼭 외우도록 하자. 일반적으로 학원 수업은 월 20회이므로, 하루 5문장씩 외울 경우 한 달이면 100 문장이 된다. 매달 100 문장씩 외운 사람과 그냥 학원만 다닌 사람은 일 년 후에는 큰 차이가 난다.

섀도잉

1. 섀도잉은 만병통치약이다.

2. 초보 단계부터 고급까지 꾸준히 하루 30분~1시간씩 섀도잉을 하자.

3. 그날 배운 교재의 본문은 섀도잉으로 완벽하게 외우고 넘어가자.

4. 어법 공부나 단어 암기보다 섀도잉을 먼저 하자.

5. 내 식대로 읽지 말고, 소리파일의 강약, 끊어 읽기 등을 철저히 따라 하자.

6. 섀도잉까지 마친 교재의 소리파일을 밤에 틀어놓고 잔다.

7. 한 달 정도 후에 한 번 더 꺼내 따라 해본다.

이 책 전체에서 독자들이 단 한 가지를 얻어간다면, 이 섀도잉 부분이었으면 좋겠다. 섀도잉은 언어 학습의 만병통치약이기 때문이다. 요즘은 섀도잉을 실천하기에 너무도 편한 환경이 마련되어 있다. 컴퓨터나 휴대폰에서 곰플레이어 등으로 소리파일을 자유자재로 조작할 수 있으니, 비용도 따로 들지 않고 특별한 기술도 필요 없다.

내가 어학연수를 하던 시절에는 학비와 기숙사비 포함해서 한 달에 체류비가 50만 원 정도 들었는데, 당시 자동반복이 가능한 어학 실습기가 52만 원이었다. 나는 큰맘 먹고 덩치도 커다란 52만 원짜리 어학 실습기를 들고 어학연수를 가서 하루 1시간씩 섀도잉을 했다. 성격도 내성적이고, 중국인이라곤 어학연수 시절 내내 輔導老師 두 명만 만나는 폐쇄적인 생활을 했지만, 나중에 중국어가 자연스럽다는 평을 들은 것은 전적으로 이 섀도잉 덕분이다.

내가 효과를 보았던 학습법이어서 열정이 넘치던 초보강사 시절, 입풀이반이라는 이름으로 섀도잉반을 만들어서 이끌어보았던 경험이 있다. 새벽반과 오전반 사이에 40분 동안 쉬는 시간이 있었는데, 그 중 25분을 사용하여 전날 배웠던 본문을 섀도잉으로 완벽하게 외우는 과정이

었다. 처음에는 강사가 무료로 무엇인가를 한다고 하니까 우르르 몰려
왔지만, 하다 보니 가르쳐주는 것은 하나도 없고, 그냥 어제 배운 것을
따라 하기만 하는 데다가, 중간중간 한 명씩 해보라고 하니까 잘 못하면
망신스럽기도 하고 별로 신선한 게 없구나 하는 생각에 한 명씩 빠지더
니 한 달이 지나자 한 명만 남았다.

이 남은 한 명과 6개월 동안 매달 20일, 하루 25분씩 섀도잉을 했는
데, 25분이면 전날 배운 본문을 철저하게 외우고도 남았다. 한 문장을
보통 30번 정도 따라 하면 되는데, 한 과의 본문이 보통 10줄 정도라,
25분이면 50번씩 따라 해도 되는 시간이었기 때문이다. 이 학생은 그렇
게 2단계와 3단계 교재를 나와 함께 외웠는데, 2단계는 기본 어법 단계,
3단계는 접속사 구문 단계로, 3단계까지 마치면 중국어의 기본 어법과
문형은 다 배우게 되는 것이었다.

이렇게 6개월이 지나자 이 학생은 중국인 강사와 자유 회화가 가능하
게 되었다. 중국어 발음 배우기 시작한 지 8개월이 지났을 때의 일이다.
우리 학원의 중국인 강사들이 모두 놀랐다. 들어보면 어휘는 모두 배운
것들뿐이고 새로운 어휘는 없었지만, 문장이 완벽하고, 말할 때 강약과
높낮이가 자연스럽고, 강사들의 말을 다 알아듣고, 하고 싶은 말을 거
의 다 할 수 있었다. 사실 일상회화를 하기 위해서는 그렇게 많은 단어

가 필요하지 않다. 많은 경우 중국어 학습의 목표가 당시 그 학생의 수준 정도가 아닐까 싶다. 알아듣고, 하고 싶은 말을 하고, 아는 어휘가 굉장히 많지는 않지만, 아는 어휘만큼은 빠짐없이 자유자재로 활용할 수 있다면 이미 목표치에 어느 정도 이른 것이다. 말이 된다면 고급단계로 나가는 것은 훨씬 쉽다. 자동으로 엔진이 달리기 때문이다.

그 학생이 중국어를 유창하게 구사할 수 있게 되자 학원의 중국인 강사들 사이에서 나의 위상이 갑자기 높아졌다. 학생들이 한국인 강사를 추천해달라고 하면 늘 내가 제일 잘 가르친다고 소개해주었다. 지금도 옛 중국인 동료들은 나를 훌륭한 강사로 기억하고 있는데, 그 발단은 그저 그 학생 한 명이 섀도잉을 착실하게 따라 해서 월등한 중국어 실력을 가졌기 때문이었다. 하지만 우리 둘이 교실에서 뭘 했는지 알지 못하는 중국인 강사들은 그 6개월 동안 내가 요술처럼 무슨 비법이라도 그 학생에게 가르쳐줬다고 생각했는지도 모른다.

성공한 예를 하나 가지게 되자 더욱 열정이 높아져서 매달 과정이 끝날 때마다 하루씩 날을 잡아서 섀도잉의 중요성을 역설하고, 실습을 한 번씩 하곤 했다. 나로서는 열정을 가지고 한 일이었지만, 몇 달 지나다 보니 그대로 실천하는 학생이 별로 없는 듯하여, 일 년쯤 지나서는 그냥 마지막 날에도 일반적인 수업 진도를 나가는 것으로 바꾸었다.

중국 갔다 왔군요?

기초반에서 가르치던 학생이 무사히 살아남아 신문 독해나 스크린반에 들어오면 무척 반갑다.

한번은 기초반에서 가르쳤던 한 남학생이 스크린반에 들어왔는데, 성조며 발음이며 읽는 속도 등에서 중국에 1년쯤 다녀온 티가 확연히 났다. 그래서 "중국에 다녀왔군요, 어디로 갔었어요?" 하고 물어봤더니, 이 학생이 얼굴을 조금 붉히면서 "중국인 선생님들도 그렇게 물어봐주십니다. 2단계 끝날 때 선생님께서 하루 1시간씩 섀도잉을 하라고 해서, 최대한 매일 하려고 노력했더니 말하는 게 자연스러워진 것 같습니다" 하고 대답하는 것이었다.

'와우, 중국에 안 다녀오고도 이렇게 자연스럽게 말할 수 있구나' 하고 나 자신도 많이 놀랐던 예였다.

역시 열정이 넘치던 강사 2년 차 때의 일이다. 그때는 아직 학원에서 토요반을 개설하지 않았던 때라 토요일이면 학원이 텅 비었다. 좋은 기회다 싶어서 토요일에 나올 수 있다는 학생들과 하루 3시간씩 섀도잉을 했다. 하루 3시간이면 그 주에 학원에서 배운 일주일치 진도를 충분히 복습할 수 있었다.

보통 섀도잉은 한 문장씩만 끊어서 하면 되지만, 시간이 충분하다 보니 한 문장씩 50번씩 따라 해서 완벽히 외운 후에 8~10줄 정도 되는 본문을 통째로 외우는 데까지 마칠 수 있었다. 그런데 한 번은 함께하던 학생 중 한 명이 고충 아닌 고충을 얘기했다.

"선생님, 이 토요 섀도잉반만 마치고 가면 이삼 일은 본문이 머리에서 떠나질 않아요. 그냥 걸을 때도 섀도잉한 문장을 흥얼거리게 돼요. 온종일 중국어 본문에서 벗어날 수가 없어요."

예전에 소리파일이 보급되기 전에는 어머니가 당신이 좋아하시는 노래 하나를 카세트 테이프 앞뒤로 녹음해 달라고 주문하곤 하셨다. 그러면 나는 120분을 꼬박 앉아서 주현미의 〈짝사랑〉 같은 노래들을 카세트 테이프 앞뒷면에 녹음해 드리곤 했다. 문제는 120분 동안 듣고 나면 그 후로 일주일 동안은 〈짝사랑〉이 머리에서 떠나지 않고 맴도는 것이었다. 그러니까 그 학생은 그때의 나와 같은 현상을 겪는 중이었다.

생각해보면 우리가 외국어 학습을 하면서 원하는 상태가 바로 이런 상태가 아닐까. 온종일 중국어가 머리에서 맴돌고, 입만 열면 나오고, 잠결에 들은 노래처럼 종일 흥얼거리게 되는 것. 이런 상태가 몇 달 지속된다면 어떻게 귀가 안 트이고 입이 안 열리겠는가.

학원의 기초 코스는 보통 한국인 강사 50분, 중국인 강사 50분 수업으로 이루어져 있다. 내 마음 같아서는 한국인 강사 40분, 섀도잉 20분, 중국인 강사 40분, 이렇게 구성하면 제일 완벽할 것 같지만, 실제로 이렇게 구성한다고 해도 반응은 썰렁할 것이다. 수강생들은 강사가 뭔가를 말해주기를 바라지, 그냥 따라하기만 하면서 앉아 있기를 원하지 않는다. 나도 수업시간에 가끔 섀도잉을 넣기는 하지만, 실제로 시간마다 정확히 10분씩 넣었을 때는 수강생들의 호불호가 갈렸다. 섀도잉을 시작하면 바쁜 듯 일어나서 나가는 학생들이 꼭 있었다. 하지만 섀도잉 20~30분을 매일 한다면 어법 설명해주는 수업 20~30분을 앉아서 듣는 것보다 훨씬 나은 효과를 가질 수 있다는 게 내 생각이다.

섀도잉은 만병통치약

수강생들은 어법에 관심이 많고 정확히 설명해주기를 바란다. 강사로서는 마땅히 정확히 설명해주어야 할 것이나, 배우는 사람으로서는 그렇게 정확히 알 필요는 없다. 중국어에는 숨어 있는 어법들이 많다. 예를 들어 学生의 '生'은 경성이고, 大学生의 '生'은 1성이다. 중국어에

'명사가 3음절 이상일 때, 맨 마지막 글자를 세게 읽는다'라는 어법이 있어서 그렇다. 또, 我爱他의 '他'는 굉장히 약하게 읽어야 하고, 他爱我의 '他'는 세게 읽어야 한다. '동사 뒤에 목적어로 나오는 인칭대명사는 약하게 읽어야 한다'는 어법 때문이다.

또 走进来의 '进'은 약하게 읽고, 走进教室来의 '进'은 세게 읽는다. 복합 방향보어에서 장소 목적어가 없을 경우에는 방향보어를 모두 약하게 읽고, 장소 목적어가 있을 경우 목적어 앞까지는 세게 읽고, 목적어 뒤는 약하게 읽는다는 어법이 있어서 그렇다. 이런 어법들이 다 궁금한가? 꼭 그렇게 다 알아야 말을 잘하게 될까? 그렇지 않다. 나는 어법을 강사 생활 시작한 후에 배웠다. 학교 다닐 때 전공에 충실하지 않아서 벼락치기용으로밖에 어법을 공부하지 않았고, 어학연수 가서는 두꺼운 어법책이 재미없어서 나한테 재미있는 공부만 해서 더욱 그렇다. 그래도 구HSK 고급 시험에서 어법 파트 99점을 받았는데, 감점은 1점짜리 글자 쓰기에서 놓친 것이다.

지금은 자신의 학원을 운영하고 있는 옛 동료 김지혜 강사는 중국에서 고등학교와 대학교를 나와서 우리 학원에서 중국어를 제일 잘하는 한국인 강사였는데, 강사 면접 때 왕필명 선생님이 물어보시는 어법문제에 대답을 잘 못해서 면접에서 떨어진 줄 알았다고 했다. 그 역시 어법을 강사가 된 이후에 체계적으로 공부한 케이스다. 어법을 꼬치꼬치 다 알아야 말을 잘하는 게 아니다.

이 말은 물론 어법을 무시해도 된다는 이야기는 결코 아니다. 문법을 아는 것과 유창하게 말하는 것은 별개라는 이야기다. HSK 시험에 이 문장이 왜 틀렸는지 설명해보라는 문제가 나오지는 않는다. 이 문장이 맞는지 틀렸는지를 물어볼 뿐이다.

섀도잉을 많이 하다 보면 문장에 대한 감이 생긴다. 틀린 문장은 뭔가 불편하다. 문장을 읽어보면 맞는 문장과 틀린 문장의 감이 온다.

영어의 경우를 생각해보자. 'America'의 액센트가 두 번째 음절에 있다고 해서 두 번째 음절 액센트, 두 번째 음절 액센트 하고 외워서야 영어를 잘 할 수 있겠는가. 두 번째 음절에 강세를 주면서 여러 번 읽어서 누군가 '어메리~~카'라고 'ri'에 강세를 두어 읽으면 뭔가 소름 돋는 느낌이 드는 것, 이런 게 언어습득의 정상적인 과정이다.

중국어에 감이 잡혀 있다면, 감대로 찍으면 고득점이 된다. 중국어 시험을 한 번만 볼 사람은 HSK 집중반을 들어서 얼른 점수를 따면 된다. 하지만 중국어 시험을 여러 번 볼 것 같다면, 중국어를 평생 해야 할 것 같다면, 시험공부와 함께 섀도잉에 도전해보자. 섀도잉을 많이 하면 제일 중요한 어순은 물론이고 경성 처리, 성조, 발음, 끊어 읽기 등이 모두 정확하게 잡힌다. 이런 만병통치약이 또 어디 있겠는가. 듣기 실력이 올라가는 것은 덤이다.

기초부터 하루 30분씩

새도잉은 발음 단계서부터 할 수 있고, 또 해야 한다. "你好，再见"을 50번 따라 해본 사람과, 소리파일만 여러 번 듣고, 두어 번 읽어본 사람은 중국어의 앞날이 다르다.

한국에서 학원을 다니며 공부하는 경우라면, 하루 30분이면 충분하다. 30분이면 그날 배운 본문을 완벽히 소화할 수 있다. 사실 학원을 열심히 다니는 분들은 30분 이상 별도로 자습을 한다. 쓰고, 단어 찾고…. 하지만 이 모든 활동에 앞서서 문장 해석만 된다면 그 후에는 새도잉 30분을 먼저 하자. 그리고 남는 시간에 다른 공부를 하자. 새도잉을 하면 단어는 절로 암기된다. 문장 안에서 암기되니 이보다 더 좋을 수 없다.

중국어에 1순위를 두는 어학연수 기간이라면 과감히 1시간씩 새도잉하는 데 도전해보자. 어학연수 기간에 비해 월등한 중국어 실력을 얻게 될 것이다.

한 문장을 최소 30번씩, 너무 길지 않은 문장으로

8~10개의 문장으로 구성된 본문 한 편 전체를 따라 하는 것은 별로 소용이 없다. 한 문장, 한 문장씩 끊어서 따라 해야 한다. 혹시 접속사 구문이어서 문장이 제대로 끝나려면 두 줄째로 넘어간다고 하자. 그렇다면 접속사 앞 구절만 따로 떼고, 뒤 구절만 따로 떼어서 두 번에 나누어서 하면 된다. 한 문장에 최소한 30번씩, 가능하다면 50번을 따라 해도 좋다.

새도잉은 문장의 뜻을 정확히 아는 상태에서 시작하는 것이 좋다. 따라서 그날 배운 교재의 내용이 제일 적합하다. 소리파일에 한 문장 구간 반복을 걸어놓고 맨 처음 3~5번은 교재를 보면서 같이 따라 읽는다. 문장의 뜻이 머릿속에 들어오면 교재를 보지 말고 같이 따라 한다. 처음에 몇 번은 중간쯤 가다가 버벅거리게 된다. 소리파일은 벌써 한 문장이 끝났는데 나는 아직도 문장 중간이기 쉽다. 이럴 경우에 고집스럽게 문장을 끝내려고 하지 말고, 다시 처음 부분에 맞춰 시작한다. 소리파일이 매번 시작할 때마다 나도 매번 새로 시작한다. 그러면 처음에는 7글자밖에 못 따라갔더라도 두 번째는 8글자, 세 번째는 9글자, 네 번째는 10글자…. 이렇게 조금씩 더 따라갈 수 있게 된다. 중간에 너무 답답할 때만 한 번씩 교재를 보면서 확인하고, 되도록이면 교재는 처음에만 보고 내내 보지 않는 게 좋다. 20번쯤 따라 하면 수월하게 소리파일과 동시에 읊을 수 있게 된다. 그러면 슬슬 내가 먼저 앞서 나간다는 생각으로 해보면 좋다. 30번쯤 되면 소리파일이 시작하기 조금 전에 내가 시작하고, 내가 한 말을 소리파일이 따라 하는 것처럼 된다. 각 문장을 50번쯤 할 수 있으면 더욱 좋다.

새도잉을 할 때 소리파일과 나의 속도를 비교해보면 옆의 표와 같다.

★**섀도잉** 시작할 때:

소리 파일	明天你去得了去不了? 明天我有事，去不了。
나	明 天 你 去 得 了 去 不 了 ？ 明 天 …

다섯 번쯤 했을 때 :

소리 파일	明天你去得了去不了? 明天我有事，去不了。
나	明天你去得了去不了？ 明天我有事。…

열다섯 번쯤 했을 때 :

소리 파일	明天你去得了去不了? 明天我有事，去不了。
나	明天你去得了去不了? 明天我有事，去不了。

스물다섯 번쯤 했을 때 :

소리 파일	明天你去得了去不了? 明天我有事，去不了。
나	明天你去得了去不了? 明天我有事，去不了。

유의할 것은 내 평소 습관대로 읽지 말고 소리파일의 높낮이와 강약, 끊어 읽기를 완벽하게 흉내 낸다는 생각으로 따라 해야 한다. 가끔 섀도잉 시간에 보면 소리파일이 틀어져 있는 시간 내내 혼자 따로 읽는 학생들이 있다. 그렇게 해서는 정신만 사납지 섀도잉의 목적을 살릴 수 없다. 섀도잉은 말 그대로 그림자처럼 따라 하는 것이다. 소리파일에 귀를 잔뜩 기울이고, 그 말 그대로 따라 하자.

섀도잉을 마친 소리파일을 잠자기 전에 틀어놓자

앞의 듣기 파트에서 매일 밤 자기 전에 소리파일을 틀어놓고 자면 좋다고 했다. 잠이 드는 순간에 익숙한 내용이 들리면 그게 뇌로 바로 입력된다고 한다. 이때 사용하기에 제일 적합한 자료가 바로 섀도잉을 마친 소리파일이다. 지난 며칠간 섀도잉을 마쳐서 너무도 익숙한 소리파일을 자동 반복되지 않게, 혹은 30분 이내로만 자동 반복되게 틀어놓고 자면 된다. 단, 30분이 넘지 않도록 유의해야 하고, 잘 모르는 내용이 섞이지 않도록 해야 한다. 섀도잉을 마친 소리파일을 수면 듣기로 일주일 정도 더 들어준다면, 그 문장은 잊어버리려고 해도 잊어버릴 수 없게 된다. 입에서 자동으로 튀어나오는 것은 말할 것도 없다.

한 달 후에 다시 섀도잉에 도전하자

잠자기 전 5분 듣기까지 했던, 너무도 익숙했던 그 소리파일을 가지고 한 달 정도 지나서 다시 한 번 섀도잉에 도전하자. 이번에는 교재가 없어도 괜찮다. 다 아는 내용이므로 유심히 들으면서 다섯 번쯤 따라서 해보자. 머릿속에 한 번 더 각인되는 좋은 기회가 될 것이다.

상급반 학습자는 뉴스나 드라마 섀도잉에 도전하자

이미 섀도잉에 익숙한 상급 학습자라면 교재가 따로 없어도 뉴스나 드라마를 활용해서 섀도잉을 해보도록 하자. 뉴스나 드라마는 속도가 빠르므로 소리파일을 80퍼센트 정도 속도로 재생시켜놓고 따라 하면 된다. 스크립트가 있다면 스크립트를 숙지하고 따라 하면 제일 좋지만, 없는 경우라면 모르는 단어는 건너뛰면서 높낮이와 어감에 유의하면서 그냥 따라 해봐도 괜찮다.

성어

1. 고급 수준까지 가고 싶다면 6급을 준비하면서부터 성어 공부에 도전하자.

2. 교재에 나오는 성어들은 문장 자체를 외워두자.

3. 작문 고득점을 원한다면 반드시 성어를 정복하자.

4. 성어책 한 권을 세 번은 외워야 한다.

5. 짝꿍과 함께 외운다.

6. 끝말잇기로 외워도 좋다.

7. 사자성어 천 개, 속어 오백 개는 외우도록 하자.

8. 한국어의 사자성어를 잊고, 중국어 사자성어를 새로 외우도록 하자.

9. 헐후어는 사용 빈도가 높지 않다. 자주 사용되는 몇 개만 외워두자.

성어가 정말 그렇게 많이 쓰이나?

한국에서는 사자성어가 퀴즈에 나오고, 한 해가 시작될 때 정치인들이 새해의 화두로 던지고, 개그맨들이 풍자하는 데 정도로만 쓰인다. 즉, 일상회화에 별로 등장하지 않는다. 그래서 학생들이 처음에는 성어 외우기에 적극성을 보이지 않는다. 하지만 중국에 한 번이라도 다녀온 사람이라면 중국인이 일상생활에서 얼마나 성어를 즐겨 쓰는지를 절감하게 된다.

정말 성어 학습에 시간을 들일 만큼 필요하냐고 묻고 싶은가? 성어가 정말 많이 쓰인다. 성어를 모르면 대화 속에 (…) 으로 끊기는 부분이 많다. 사자성어가 아닌 속어나 고전 명구 등을 인용하게 되면 한 문장 전체가 캄캄하게 지나가기도 한다.

드라마를 예로 들어보자. 누군가가 상처한 지 10년이 지난 A에게 "이제 그만 좋은 사람을 찾으시죠"라고 말하자 A가 "曾经沧海难为水呀"*라고 대답한다. 그리고는 더 이상의 설명은 없다. 이 유명한 관용어를 모른다면 A가 전처에게 깊은 그리움을 가지고 있으며, 이제 그의 눈

---

* 일찍이 푸른 바다를 본 적이 있는 사람의 눈에는 다른 물은 물처럼 보이지 않는다는 관용어

에는 전처만 한 사람은 보이지 않는다는 뜻을 알지 못한 채 답답한 마음으로 그 다음을 보아야 한다.

중국 드라마 중에는 《수호지》나 《삼국지》 같은 고전물이 많으며, 이런 고전물은 더욱이나 성어 인용이 심하다. 한 문장 중에 사자성어가 세 개나 나오기도 한다.

회화만 하면 된다고 해도 오랜 기간 중국인과 교류할 계획을 가지고 있다면 성어 공부에 도전하자. 중국인은 특히 성어와 관용어를 많이 알고 있는 외국인에게 우호적이다. 서로 성어를 섞어 말할 수 있다는 것에 상당한 점수를 주고 굉장한 호의를 베푼다. 중국인 사이에서도 교육 수준이 낮은 사람들은 성어를 섞어 쓰지 못하므로, 성어를 얼마나 쓰느냐가 그 사람의 교양 척도가 되기도 해서 외국인이 성어 속어를 많이 알고 있으면 실은 그저 성어를 많이 외웠을 뿐인데도, 사람 자체의 수준을 높게 봐주는 경향도 있다.

재미있는 것은 공부를 많이 해야 할 것 같은 대학생이 오히려 성어 학습에 의욕을 덜 보이고, 이제 시험 볼 일은 별로 없어 보이는 무역회사의 CEO라든가 연세 있는 분들이 성어며 속어 학습에 더 열의를 보인다는 것이다. 무역 현장에서 중국인과 이야기를 하다가 한두 마디 섞어 쓴

성어 덕분에 대화의 분위기가 갑자기 좋아지고, 자신을 특별히 살갑게 대하는 경험들을 해보았기 때문이다.

고급 중국어까지 하고 싶은지를 먼저 생각해보자

그냥 일상 회화까지만 하고 싶고, 서바이벌 중국어면 족하다고 한다면, 굳이 성어까지 애써 외울 필요는 없다. 하지만 중문과 학생이라든가, 중국과 오랜 기간 동안 무역을 할 계획을 가지고 있다든가, 중국 유학을 계획한다든가 해서 조금이라도 고급 중국어를 구사할 필요성이 있는 사람이라면 6급 시험을 대비하면서부터 성어 공부를 시작해야 한다. 성어 공부는 6개월 이상 걸린다. 그러므로 마음을 조급하게 먹지 말고 조금씩 외워나가자.

작문 고득점을 원한다면 성어를 정복하자

중국 사람들이 워낙 성어를 좋아하기도 하고, 문장이 과학적인 구조로 배열되는 것을 좋아해 작문 시험에서 성어를 활용할 수 있다면 고득점의 지름길이 된다.

중국인이 좋아하는 작문 형태가 있다. 그 중 대표적인 것이 맨 위에 주제를 명확히 밝히고, 그 이유를 첫째, 둘째, 셋째… 하면서 병렬하다가 마지막으로 결론을 맺는 형태다. 이 경우 글의 시작을 "俗话说～, 有句老话说～" 하면서 성어나 속어로 시작하면, 글의 요지가 분명해지고 글의 품격도 올라간다. 결론도 성어나 속어로 맺을 수 있다면 금상첨화다. 성어를 적재적소에 쓰기만 하면각종 작문 시험에서 훨씬 높은 점수를 받을 수 있다.

주의할 것은 시험을 볼 때는 용법에 자신 있는 성어만 써야 한다는 것이다. 중국어에는 褒义词*와 贬义词**가 있어서 한국어 해석만으로는 어감을 알 수 없는 단어와 성어들이 있다. 예를 들어 为所欲为라는 성어는 '자기 하고 싶은 대로 하다'라는 뜻으로, 안 좋은 어감의 성어다. '그는 늘 자기 하고 싶은 대로 해서 다른 사람들에게 비난을 받곤 한다' 이런 문장에 써야 할 성어인데, '我想过的是为所欲为的生活(나는 내 마음대로 살고 싶다)' 이런 식으로 작문을 하면 오히려 감점이 된다. 이

---

* 좋은 어감을 주는 단어
** 나쁜 어감을 주는 단어

런 뜻의 문장은 그냥 我想过的是自由自在的生活(나는 자유로운 생활을 하고 싶다)로 쓰면 된다. 따라서 성어를 외워서 작문을 할 때는 자신 있게 쓸 수 있는 것들만 활용하는 것이 좋다.

성어를 작문에 활용할 경우 또 하나의 이점은 성어를 활용하면 그 뜻 그대로 작문할 때보다 문장이 틀릴 가능성이 훨씬 적다는 것이다. 앞에서 예를 든 '曾经沧海难为水'만 해도, 만약 우리가 "나의 아내는 그 누구보다 뛰어나고 착하고 아름다운 여성이었으므로, 나는 이제 더는 그녀와 같은 여성을 만날 수가 없어서, 내 인생에 다시는 어떤 여성이라도 반려자로 맞이할 생각이 없다네"라고 그 뜻을 풀이 쓴다고 해보자. 분명 어느 한 부분에서는 어색한 작문이 나올 것이다. 그러나 위의 관용어로 처리하면, 이 모든 뜻이 완벽하게 들어가면서도 한 부분도 틀리지 않고 글의 품위까지 높아지므로 작문 점수가 절로 높아지게 된다.

사자성어는 문장째로 외운다

속어는 그냥 한 문장을 쓰면 되지만, 사자성어는 성어만으로 쓸 수 없는 경우도 있다. 대부분의 경우에는 문장 속에 넣어서 작문을 해야 제대로 쓸 수 있다. 사자성어 자체가 술어가 될 수도 있지만, 명사로만 쓰여서 반드시 동사와 함께 써야 하는 것들도 있다. 성어를 단독으로 외웠다가 엉뚱하게 쓰면 분위기가 더 썰렁해질 수도 있다. 그러므로 교재에 나오는 성어를 보면, 그 성어가 출현한 문장 자체를 외워 두는 게 좋다. 성어를 처음 배우는 경우일수록 성어가 포함된 문장을 통째로 외우는 게 좋다.

성어책 한 권을 세 번은 외워야 한다

성어책을 한 권 사서 처음부터 외워나간다고 할 때, 내 경험에 의하면 한 번을 외우면 독해에 도움이 되고, 두 번을 외우니 들리기 시작하고, 세 번을 외우니 그 중의 아주 극히 일부를 내가 사용할 수 있었다. 성어 공부를 한참 한 후에 이연걸이 주연으로 나오는 〈영웅〉이라는 영화를 보았다. 예전에는 툭툭 끊기면서 들리던 고전물이 쭉 이어서 들렸다. 대사 속에 계속 섞여 나오는 성어들이 다 들릴 때의 쾌감은 느껴보지 않은 사람은 모를 것이다.

혼자서는 끝까지 외울 수 없다

10년 이상 피운 담배를 한번에 끊는 사람, 10킬로그램 이상을 혼자 잘 감량하는 사람, 그런 사람이라면 성어 사전도 혼자 끝까지 잘 외울 수 있을지 모르겠다. 하지만 나처럼 의지박약으로 고생하는 사람이라면 반드시 짝꿍을 찾아서 성어를 외워야 한다. 앞의 어휘 파트에서 소개한 것처럼 매일 일정 분량을 정해서 외우고, 외운 것을 확인해주는 파트너가 있어야 한다.

끝말잇기로 외워도 좋다

나의 輔导老师*였던 뭇쯔은 여섯 살 때부터 할아버지와 성어 끝말잇기를 하면서 놀았다고 한다. 중국인에게도 성어 외우기가 만만한 작업은 아니어서 교양 있는 가정에서는 이렇게 어려서부터 아이에게 성어를 가르쳐주려고 애쓰고, 중국인들이 즐겨 쓰는 방법은 성어 끝말잇

---

* 1:1 수업 가정교사

기다. 우리도 끝말잇기 형식으로 된 성어 교재를 사서 짝꿍과 하나씩 번갈아 끝말을 받으면서 외워보면 훨씬 쉽게 외워질 것이다. 나도 성어책을 두 권 냈다. 하나는 일반적인 성어집으로 성어 속어를 알파벳 순서대로 모아놓기만 한 책이고, 하나는 성어 900개와 속어 300개를 이어서 끝말잇기로 만든 책이다. 첫 번째 책이 두꺼워서 그렇기도 하겠지만, 그 책을 다 외웠다는 사람은 아직 만나보질 못했지만, 끝말잇기로 만든 책은 우리 반 학생들만 해도 벌써 여러 명이 끝까지 다 외웠다. 끝말잇기로 외운다면 짝꿍이 있을 경우 성어 1,000개 정도는 가볍게 외울 수 있다.

군계일학, 동문서답?

중국어에서 사자성어가 많이 쓰인다고 하면, 정치를 하는 분들이나 한자어에 조예가 깊고, 평소에 사자성어를 조금씩 섞어 쓰시던 분들은 은근히 반색을 표한다. 하지만 문제는 한국어의 사자성어 중에서 중국어로 그대로 읽었을 때 의미가 통하는 경우는 10분의 1도 채 되지 않는다는 것이다. 중국어에서 흔히 쓰이는 사자성어 3,000개를 들여다보면, 한국어로 눈에 익은 것은 별로 보이지 않는다.

예를 들어 무협 비디오 번역을 맡았다고 하자. A와 B가 한밤중에 사람을 죽여서 땅에 묻어버리고 헤어지는 장면에 나오는 대사가 "天知地知，你知我知"였는데, 이 대사를 "하늘이 알고 땅이 안다, 이놈아"로 해석한다면 치명적인 오역이 된다. 한국어에서 "하늘이 알고 땅이 안다"는 "온 세상이 다 안다. 속이거나 감출 수 없다"라는 뜻이지만, 중국어에서 "天知地知，你知我知"는 "너와 나 빼고는 아는 이가 하늘과 땅밖에 없다. 아무도 모른다"의 뜻이다. 그러므로 위의 대사는 "너랑 나만 입 닫으면 아무도 모른다"라고 해석해야 된다.

또한 한국어에서 흔히 쓰이는 군계일학은 중국어에서는 鹤立鸡群으로, 동문서답은 答非所问으로, 명실상부는 名副其实 혹은 名不虚传으로, 자업자득은 自作自受로, 소탐대실은 因小失大로 쓰인다. 그러므로 중국어 사자성어를 배울 때는 한국어의 사자성어를 그대로 소리 내어 읽고 중국인을 이해시키려고 노력하기보다는, 중국어 사자성어를 새로 익힌다는 자세로 공부하고, 어쩌다 한국어와 같이 쓰이는 성어가 나오면 그만큼 외우는 노력이 줄어서 감사하다고 생각하면 좋을 것이다.

성어는 최소한 1,000개는 외워야 한다. 제일 좋기로는 3,000개 정도 외우면 좋지만, 부담이 된다면 성어 공부를 시작한 이상 1,000개는 외우겠다는 마음을 가져야 한다. 성어의 활용도가 높으므로 먼저 성어를 공부해야 하지만, 실제로 우리가 사용하기에는 속어가 훨씬 편하다. 성어는 문장을 만들어야 하므로 자칫 잘못 사용할 수도 있지만, 속어는 그 자체로 한 문장이 되므로 틀리게 쓸 가능성이 적고, 뜻하는 바가 명확해서 적재적소에 쓸 수 있다. 그러므로 속어도 500개 정도는 알아두면 편하다.

고급 학습자들은 헐후어에도 많은 관심을 갖지만, 실제로 헐후어는 그다지 많이 쓰이지 않으므로 八字没有一撇(아직 일의 윤곽도 안 잡힌 상태다)라든가 打破砂锅问(纹)到底(끝까지 캐묻다) 같은 유명한 몇 개를 알아두면 된다.

성어는 평생 외운다고 생각하자

아쉽게도 성어는 한번에 몰아서 공부하고 마무리할 수 있는 게 아니다. 일상생활에서 활용하려면 언제라도 생각이 나야 하므로, 성어 노트를 늘 근처에 두고 심심할 때마다 들여다보는 습관을 가지면 좋다. 굳이 여러 권의 교재를 공부하려고 애쓸 것 없이 성어책 한 권을 그냥 하염없이 반복해서 외우면 된다. 휴대폰으로 몇 페이지씩 찍어서 가지고 다니면서 공부해도 좋겠다.

격려나 질책은 성어, 속어로

중국인과 십 년 넘게 함께 생활하면서 제일 좋게 생각한 것은 중국인 특유의 긍정적인 화법이다. 예를 들어 지인이 자그마한 편의점이나 1인 출판사, 1인 무역회사 등을 차렸다고 하자. 경리 사무에서부터 물건 구입, 홍보까지 1인 10역을 하면서 도무지 숨 돌릴 틈도 없이 매일매일을 일에 치여 사는 모습을 본다면, 우리 한국인은 분명 "어떡하니, 이렇게 힘들어서…", "힘드시겠어요…"라며 위로를 하려 할 것이다. 하지만 중국인이라면 100퍼센트 이렇게 말한다.

"星星之火，可以燎原" 반딧불만 한 불씨가 너른 초원을 태울 수 있다는 관용어로, 지금은 이렇게 작게 시작하지만 분명 나중에는 크게 될 거라는 뜻이다. '熬过冬天就是春'이라는 말을 덧붙일 수도 있다. 추운 겨울을 참고 견디면 곧 봄이 온다는 관용어다.

직장에서 해고된 친구가 있다고 하자. 한국인이라면 "힘내. 살다가 그럴 수도 있지"라든가, "억울해서 어떡하니" 이렇게 말하겠지만, 중국인이라면 "树挪死，人挪活"라고 말할 것이다. '나무는 옮겨 심으면 죽지만, 사람은 자리를 옮기면 살아난다'는 뜻으로, 지금 당신이 있던 곳을 떠나는 게 분명 더 창대한 미래를 약속하는 일이 될 거라는 격려의 의미로 쓰는 말이다.

중국인은 지인이 어려운 상황에 처해 있다는 것을 알게 되면, 혹은 가벼운 일상회화에서라도 상대방이 자신의 처지에 대해서 넋두리를 늘어놓으면 거의 조건반사처럼 격려의 의미가 담긴 관용어를 뱉어낸다. 참 배울 만한 민족성이라는 생각을 여러 번 했다.

중국의 전통 혼례에서는 결혼식을 마친 후 신부가 손에 '喜糖'이라고 불리는 사탕을 들고 서서 하객들에게 나눠주는 순서가 있다. 이때 하객들은 사탕을 받아 가면서 신랑 신부에게 덕담을 해준다고 한다. 우리네 폐백 때 신부 치마에 대추를 던지면서 덕담을 하는 것과 유사한 순서라고 할 수 있다. 그런데 나를 가르치던 辅导老师였던 뭇쯔이 친척 결혼식 때의 웃지 못할 기억을 들려준 일이 있다. 신부가 사탕을 들고 서 있고, 하객들이 순서대로 한 명씩 사자성어로 덕담을 쏟아내는데, 한 사람당 최소한 10분씩은 네 글자로 온갖 좋은 말을 늘어놓는 바람에 덕담 듣는 데만 신부가 이틀 동안 서 있었다는 거였다.

그때는 그냥 그런가 보다 하고 웃어 넘겼다. 귀국한 후 중국 라디오를 듣다가 그 말이 다시 떠오른 적이 있다. 설날로 넘어가는 자정이었고, 12시를 알리는 신호음 뒤에 "XX 기업에서 청취자 여러분께 새해인사를 전합니다"라는 멘트가 나오고, 한 기업당 3개씩의 사자성어로 새해 복 많이 받으라는 인사를 전했다. 이렇게 새해인사를 전하는 기업이 끝없이 이어졌다. 오로지 새해 복 많이 받고, 식구들 다 건강하고, 하는 일 다 잘 되라는 축복의 의미가 담긴 사자성어들이 하나도 중복되지 않았다.

기업이 10개쯤 열거되었을 때까지는 누워서 듣고 있었지만, 사자성어가 겹치지도 않고 서른 개를 넘어가자 누워 있을 수 없어서 벌떡 일어나 앉아서 들었던 기억이 생생하다. 새해인사를 전하는 기업은 대략 40

개쯤 됐었고, 각각 3개의 사자성어를 나열해서 총 120개 정도의 사자성어가 오로지 새해인사로 청취자에게 덕담으로 전달되었다. 문득 그 신부가 이틀 동안 서 있었을 법도 하겠다는 생각이 들었다.

지인이 우려되는 상황에 처해 있어 뭔가 경각심을 불러일으켜주고 싶을 때도 성어를 사용한다. 별로 안 좋아 보이는 친구들과 몰려다닌다든가 사행심을 조장하는 일에 몰두한다든가 하면, '常在河边走，难免踏湿鞋(물가에서 오래 걷다보면, 신발을 적시지 않기 어렵다)'라는 말로 경고하고, 술만 먹으면 말이 많아지는 친구에게는 '酒后不语真君子(술 마신 후에 말이 없어야 진짜 군자다)'라고 말해주고, 이제는 별 실적도 없으면서 늘 "내가 왕년에 말야…"를 입에 달고 사는 사람에겐 '好汉不提当年勇(사나이는 왕년의 용맹스러움을 자랑하지 않는다)'라고 따끔하게 말해주기도 한다.

관용어를 많이 외워 두면 이렇듯 격려와 질책에 다양하게 쓸 수 있고, 다른 이의 격려의 말을 감사히 들을 수도 있고, 점잖게 말하지만 뼈가 있는 말의 속뜻을 알아차릴 수도 있게 된다. 하지만 관용어를 모른다면 방송이나 대화 속에서 얼마나 많은 부분을 놓치고 있는지 당사자만 모를 수도 있다.

혼잣말 연습

1. 사교적인 성격으로 바꿀 수 있으면 제일 좋다.

2. 성격을 바꿀 수 없다면 혼잣말과 섀도잉을 적극 활용하자.

3. 눈에 보이는 모든 것, 생각나는 모든 것을 중국어로 말하는 연습을 해보자.

4. 아는 구문, 아는 문형을 활용하는 범위에서 단어만 바꿔가며 말해보자.

5. 정말 말하고 싶은 내용인데 어떻게 말해야 할지 모를 경우에는 미뤄뒀다가
   물어보자.

성격을 바꿔라?

대학 시절 오성식 생활영어라는 영어 교재를 좋아했다. 하지만 한 가지 동의할 수 없었던 것은 영어를 잘하고 싶으면 성격을 바꾸라는 이론이었다. 지나가는 외국인에게 먼저 다가가서 영어로 말을 걸고, 외국인과 함께하는 활동에 참가하라는 게 저자의 주장이었다. 성격이라는 것이 그렇게 필요에 의해서 바꿀 수 있을 것 같으면, 이 세상에서 이혼이나 직장 내 불화 같은 건 금세 사라질 수 있겠다는 게 내 생각이다.

물론 외국어를 공부하는 데는 외향적인 성격이 대단히 유리하다. 성격을 바꿀 수만 있다면 그보다 더 좋은 게 없을 것이다. 하지만 성격이라는 게 어떻게 그렇게 갑자기 마음먹은 대로 변할 수 있겠는가. 성격은 거의 변하지 않고, 바뀐다 하더라도 수십 년의 세월 동안 조금씩 변할 뿐이다. 하지만 나를 포함한 수많은 내성적인 사람들도 외국어 회화 실력이 필요하고, 외국어가 공부하고 싶은 걸 어떻게 하겠는가.

내 경험에 의하면 섀도잉과 혼잣말이 그 해답이 될 수 있다. 가능한 한 중국인과 접촉할 기회를 늘리도록 노력해야 하지만, 그렇게 하고도 외향적인 사람과 비교했을 때 어쩔 수 없이 생기게 되는 시간적인 차이는 섀도잉과 혼잣말로 메꾸는 수밖에 없다. 중국인과 직접 접촉하는 것보다야 못하겠지만 최대한 그 차이를 메워주는 확실한 도구들이다.

숫자 익히는 법

외국어를 알아듣는 것과 말하는 것 사이에는 3:1 정도의 갭이 있다고 한다. 3을 알아들으면, 내가 표현할 수 있는 것은 1 정도라고 한다. 그런데 유독 숫자 부분에서는 이 갭이 5:1~10:1로 커진다고 한다. 숫자를 유창하게 말하기가 그만큼 어렵다는 뜻이다. 사실 숫자는 알아듣기도 쉽지 않다. 받아쓰기를 해보면 학생들이 제일 많이 놓치는 부분이 숫자 받아쓰기다.

우리 반은 뉴스와 드라마를 배우는 스크린 중국어반이어서 학생들의 수준이 낮지 않다. 그런데도 숫자는 다른 내용에 비해서 훨씬 더 많은 횟수를 반복해주어야 틀리지 않고 받아쓴다. 숫자가 그만큼 우리에게 생경하다는 걸 의미한다. 1단계를 가르치던 시절, 이제 겨우 이얼싼쓰를 배운 수강생들에게 숫자가 눈에 보일 때마다 입으로 소리 내어 말해보는 연습을 해보라고 권한 적이 있다. 예를 들어 엘리베이터의 숫자가 변할 때 입으로 그 변하는 숫자를 따라서 계속 말해보고, 회사 책상 유리 밑에 거래처의 명함을 다 늘어놓고 시간 날 때마다 그 숫자를 읊어보고, 길을 걸을 때도 사람들의 숫자를 세어보라고 했다. 사실 권하긴 했어도 얼마나 실천하랴 싶었는데, 그 중 한 수강생이 진짜로 그렇게 연습을 했다. 이주일이 지나고 숫자 받아쓰기를 하는데, 빠른 속도로 여러 개의 전화번호를 불렀는데도, 그 수강생 혼자서 틀리지 않고 다 받아 적었다. 그 속도는 실은 HSK 6급 학생도 받아 적을 수 없는 속도였다.

한 번 누군가와 짝지어 연습해보기를 권한다. 전화번호를 빨리 말하고, 틀리지 않게 받아 적기가 얼마나 쉽지 않은지 알 수 있을 것이다. 우선 제일 먼저 자신의 전화번호를 한국어로 말하듯 후루룩 말할 수 있도록 연습하고, 외우고 있는 가족들의 전화번호를 한국어 속도로 말할 수 있도록 연습해보자.

혼잣말 연습은 어느 단계에서건 가능하다

혼잣말은 얼마든지 자신의 학습 단계에 맞게 할 수 있다. 긴 문장을 배우지 못했다면, 지하철을 타고 가면서 "녹색, 파란색, 하얀색…" 눈에 보이는 색만 읊어보아도 된다.

중요한 것은 한 번 읊는 데서 끝나는 게 아니고 목적지에 도착할 때까지 하염없이 읊어야 한다는 것이다. 그보다는 조금 긴 문장을 배웠다면, "그는 녹색 가방을 들었다, 그녀는 하얀 윗옷을 입었다, 그는 검은 안경을 썼다…"를 반복해서 읊으면 된다. 그보다 더 긴 문장을 만들 수 있다면, "녹색가방을 든 남학생은 키가 크다, 하얀 윗옷을 입은 여학생은 키가 작다, 검은 안경을 쓴 직원은 뚱뚱하다" 등등으로 변형해서 읊을 수도 있겠다.

언어는 반복이다

시댁이 있는 제천에서 시외버스를 타고 서울로 오는 길이었다. 세 살쯤 된 아이가 "엄마 우리 어디 가?" 하고 물었다. 그리고는 두 시간 동안 계속 "엄마, 우리 어디 가? 엄마, 우리 집에 가? 엄마, 우리 어디 가? 엄마, 우리 집에 가?"를 반복했다. 조용히 자면서 오려던 계획이 틀어져서 처음에는 무척 짜증이 났다. 하지만 문득 '아, 우리가 모국어도 저렇게 배웠구나' 하는 생각이 들었다.

어른이 되어 현재 말을 잘하니 처음 모국어를 배우던 과정을 다 잊고 처음부터 잘했던 것처럼 생각하지만, 사실 우리도 모국어를 배울 때 그 아이처럼 하염없이 반복해서 습득했던 것이다. 그 아이는 그날 하루 종일 연습해서 "엄마, 우리 어디 가?"를 입에 익혔다. 하물며 외국어인데 그냥 한두 번 읽고 해석해서 내 입에 붙기를 어찌 바라겠는가. 왕필명 선생님은 스무 살 넘어 배운 외국어인 한국어로 한국 사람에게 중국어를 가르치면서, 한국인보다 더 섬세한 차이를 가르치고 있다. 참 대단하다는 생각이 들 수밖에 없다. 왕필명 선생님이 하루는 우리말의 '허접하다'라는 단어를 처음 대하곤 그 뜻을 물어보셨다. '不三不四'라고 대답해 드렸더니, 그날 하루종일 "그 허접한 옷, 그 허접한 학교, 그 허접한 회사, 그 허접한 애들, 그 허접한 축구팀, 그 허접한 음식점…" 하면서 넣을 수 있는 모든 단어에 '허접한'을 붙여서 연습하고는, 퇴근하면서 "오늘 허접하다 하나 배웠다" 하면서 나가셨다. '아, 언어의 귀재들은 반복이 얼마나 귀한가를 아는구나' 다시 한 번 느낀 하루였다.

고급 수준이라면 뉴스를 혼잣말로 해보자

고급 단계인 학습자라면 옆에 있는 누군가에게 오늘 발표된 뉴스들을 소개해준다는 느낌으로 차근차근 설명해주는 연습을 해보자. 내가 어디에서 막히는지도 알 수 있고, 중국어도 퇴보하지 않게 해준다. 이미 더는 학원을 다니면서 배우지 않는 수준이라고 하더라도 가만히 있으면 퇴보할 수밖에 없는 게 외국어 실력이다. 옆 사람에게 방해되지 않을 정도의 목소리로 생각날 때마다 혼잣말로 이런저런 한국 뉴스를 미지의 누군가에게 소개하는 습관을 가져보자.

실력이 모자란 부분은 혼잣말로 하지 말자

3단계를 가르치던 시절, 수강생 한 명이 기억난다. 성조며 발음이 다 좋고, 외워 오라는 숙제도 다 해오는 우등생이었다.

헌데 하루는 "선생님, 중국어를 배우고 나니까 우울한 때가 많아졌어요"라고 얘기하는 것이었다. 너무 의외여서 "왜요?" 하고 물었더니, 중국인 선생님이 취미가 뭐냐고 물으면, 뜨개질이라고 말하고 싶지만, 뜨개질이 뭔지 모르니까 영화 보기라고 대답할 수밖에 없고, 그런 경우가 종종 있다 보니 우울해진다는 것이었다. 한바탕 웃고는 "그게 맞는 거예요"라고 이야기해주었다. 실력이 3밖에 되지 않는데, 10을 다 이야기할 수 있다고 생각한다면, 그 사람은 분명 최소한 6은 틀리게 말하는 중일 것이다.

초급자라면 못하는 말이 많은 게 정상이다. 중국인과 대화를 할 때는 모르는 단어라고 하더라도 아는 단어를 총동원해서 설명하는 노력을 기울여보아야 하겠지만, 특히 혼잣말을 할 때는 고쳐줄 사람이 없으므로 틀리지 않고 안전한 범위 내에서만 말을 해야 한다. 그렇게만 해도 연습할 수 있는 문장은 많다.

3장

왜 **어학연수**에서 효과를 못 보는가

중국에만 가면 된다? No!

중국에 가면 확실히 귀는 트인다. 하지만 노력하지 않는 한 그냥 거기까지다. 중문과를 나온 관계로 주변에 중국어 전공자가 많다. 당연히 대부분 중국 어학연수 한 번쯤은 다녀왔고, 수년째 중국에서 거주하는 사람들도 많다. 하지만 그들이 모두 중국어를 다 잘하는 것은 아니다. 알아듣는다고 해도 말을 잘하는 것과는 또 다른 이야기다.

귀만 트이면 입도 뚫린다? No!

당연히 말을 주고받으려면 귀가 트여야 하고, 귀가 트이면 그 내용이 머리에 입력이 되므로 문장 순서를 잡는 데 큰 도움이 된다. 하지만 평소에 입을 움직여서 말을 하고 내 생각을 말로 표현해내는 연습을 하지 않는다면, 그저 귀가 트이는 데서 그칠 수도 있다. 내 주변에는 영원히 '친절한 한국인'으로 남은 전공자들이 많다. 중국인이 무슨 말을 해도 그저 미소만으로 응대하다 보니 성격 좋은 것으로 오해 받는(?) 웃지 못할 상황이 생긴다.

읽을 줄 알면 회화도 된다? No!

외국어 습득은 모국어와 달라서 읽기부터 시작해야 하는 것은 맞는 이야기다. 읽어서 모르는 내용을 들어서 알기는 힘들다. 하지만 늘 읽기만 해왔다면 듣고 말하는 것은 새로 연습해야 한다. 물론 읽을 줄도 모르는 사람보다는 빠를 수 있다. 하지만 오히려 더 겁이 날 수도 있다. 다 아는 문장인데, 왜 안 들리지? 하는 두려움을 갖게 되면 처음 한두 마디부터 말과 글을 함께 배워나가는 사람보다 결국엔 더 늦을 수도 있다.

중국에 가서도 학원에만 의존한다? NO!

"중국에 가서 어떻게 공부했어요?" 하고 물어봤을 때 제일 날 답답하게 하는 대답은 "학교에서 어학연수 코스 수업 4시간 듣고요, 한국인이 하는 HSK 학원에서 수업 들었어요"라는 것이다. 요즘 학생들은 너무 학원 수업에만 의존한다. 나 역시도 그 덕분에 먹고 살지만, 중국까지 어학연수를 가는 이유는 중국인과 이야기를 해보려고 하는 게 아니겠는가. 중국인과 1:1 수업은 어떻게 했냐고 물으면 시간이 없어서 못했다거나 몇 번 해봤는데 별로 효과가 없어서 말았다거나 하는 대답도 돌아온다. 이런 식이라면 그저 이력서에 HSK 몇 급이라는 한 마디를 써 넣는 것 이외에 딱히 큰 도움은 되지 않는다.

어학연수는 6개월~1년 정도 해야 효과가 있다. 이 기간 동안 거의 매일 1:1 회화 수업을 하게 되므로, 1:1 수업을 어떻게 효율적으로 하는가가 어학연수의 성패를 가른다. 그런데 꽤 많은 학생들이 이 중요한 1:1 수업을 준비 없이 하는 일상회화나 어학연수 코스 숙제 봐주기 등으로 소모하고 만다. 매일 만나서 대화를 하면 당연히 회화가 늘기는 하지만 해본 사람들은 다 안다. 결국엔 별로 할 이야기가 없다는 것을.

미국이나 영국 등으로 어학연수를 갔을 때 원어민과 매일 1:1 회화 수업을 할 수 있는 게 아니라는 걸 생각해보면 더욱 감사한 마음으로 대해야 할 부분이 아닌가 싶다.

1:1 회화 수업은 중국 어학연수 과정 중에서 제일 중시해야 할 부분이고, 가장 많이 준비해야 할 수업이다. 이 수업을 어떻게 준비할 것인가에 대해서는 1:1 수업방식 부분에서 좀더 상세히 다루기로 하고, 이것이 이 장에서 내가 가장 강조하고 싶은 부분이다.

상대방이 알아만 들으면 만족한다? NO!

물론 우리에게 중국어는 외국어고, 우리가 외국인인 이상 완벽하게 중국어를 말하는 건 불가능하다. 하지만 우리가 영어 공부도 이런 자세로 했던가는 조금 짚어볼 만한 것 같다.

중국어 학원에서 일하다 보니 자연히 주변에 중국인이 많다. 이 중국인들 중에는 아예 한국어를 안 배우는 사람도 많은데, 배울 가치가 없다고 생각해서다. 10년 가까이 있으면서도 한국어라곤 "얼마예요? 이 차 어디 가요?" 정도만 말할 줄 아는 사람들도 많다. 한국어를 좀 배운 사람들 중에서도 더 잘 해보려고 노력하는 사람과 대충 하면 된다는 사람은 그 자세에서부터 확연히 나뉜다.

늘 "우리 신랑가…"라고 말하는 강사가 있었다. "우리 신랑이…"라고 100번은 고쳐준 듯하지만 별로 신경 쓰지 않았다. 한번은 영어권에서 유학한, 우리 학원에서 제일 엘리트였던 중국인 강사에게 한국어 발음 교정을 해준 적이 있다.

중국어에는 한국어의 'ㅅ' 발음이 없다. 옛날이야기긴 하지만, 홍콩 배우 주윤발이 밀키스 CF를 찍을 때, "사랑해요, 밀키스" 그 한마디를 처리하기 위해서 이틀을 촬영했다는 일화는 유명하다. 중국어식 발음으로는 "싸랑해요" 혹은 "샤랑해요"밖에 되지 않는다. 대부분의 중국인은 'ㅆ' 발음을 선택하는데, 모든 'ㅅ'을 'ㅆ'으로 발음하면 귀에 상당히 거슬린다. 그 중국인 강사의 'ㅆ' 발음은 유난히 강했다. 몇 번 정성껏 고쳐줬지만, 늘 대충 응대하더니 하루는 다른 중국인 강사에게 이렇게 이야기하는 것이 들렸다.

"한국어가 뭐 영어나 되냐? 왜 그렇게 발음에 신경을 써야 하냐고." 그 강사가 영어를 못하는 사람이었으면, 그 강사에 대한 인상이 그렇게 나빠지진 않았을 것이다.

어떤가. 이런 이야기가 한국인으로서 딱히 즐겁지는 않을 것이다. 중국인에게도 마찬가지다. 외국인이니 당연히 틀릴 수 있지만, 영어 발음은 하나라도 제대로 해보려고 애써 고치면서, 중국어를 할 때는 "그래, 나 외국인이다. 어쩔래? 네가 맞춰서 알아들어라" 하는 고자세라면 당연히 반감을 사게 될 것이다. 언제나 성의를 갖고, 발음 하나라도 더 고쳐보려고 애쓰고, 어순 하나라도 더 바르게 잡아보려고 노력한다면, 우리가 그런 외국인을 보듯, 중국인도 그런 우리를 더 챙겨주고 싶어 할 것이다.

어디로 갈까?

학교 선정

교환학생으로 간다면 학교 명성에 조금 신경을 쓰는 게 좋다. 평생 기록으로 따라다니게 되기 때문이다. 어학연수로만 간다면 굳이 학교 명성을 따질 필요는 없다. 어학연수의 결과는 어학점수와 회화실력으로 남는다.

학원에 있다 보니 어디로 어학연수를 가면 좋겠냐는 질문을 많이 받는다.

어학연수와 함께 중국의 사회 상황도 이해하고 싶다면 아무래도 중국 사회의 변화가 제일 잘 느껴지는 북경이나 상해로 가는 것을 추천한다. 특히 법률 등을 전공하는 학생이나 직장인에게는 북경을 권하고, 무역이 전공인 학생들에게는 상해를 권한다.

어학연수 코스만 보면 아무래도 북경 어언대학을 비롯한 북경의 여러 대학이 우수하다. 하지만 요즘은 북경의 공기오염이 예사롭지 않아서 추천하기가 머뭇거려지고, 특히 여학생에게는 권하기 어려워졌다. 또 북경이나 상해는 체류비용이 꽤 들어서 어학실력만 높이길 원한다면 굳이 북경이나 상해로 가지 않아도 된다. 중국의 각 성마다 그 성의 수도인 성도省都가 있고, 성도에는 그 성에서 제일 크고 유명한 대학이 하나씩 있다. 그런 대학들은 다 좋은 대학이라고 생각하면 된다. 개인적으로 즐겨 추천하는 곳은 하얼빈대학과 남경대학, 무한대학 등이다. 하얼빈은 보통화의 근원지라는 말이 있는 도시로 발음이 정확하기로 유명하고, 교육도시로 유명한 남경은 도시 규모도 크고 환경도 좋기로 소문나 있다. 조금 남쪽이긴 하지만 무한 대학 역시 중국인이 자랑스럽게 여기는 대학이다.

어느 지역으로 가든지 학교 안에서는 보통화를 쓰므로 표준어를 배우는 데 문제가 되지나 않을까 걱정할 필요는 전혀 없다.

대만으로 가도 될까?

대만 특유의 어감이 있고, 문어체를 많이 쓰는 경향이 있기는 하지만, 언어만 배우러 가는 데는 대만도 상관없다. 대만 대학들의 어학연수코스는 엄격하다고 소문이 나 있으므로 언어 배우기에 좋은 면도 있을 것이다. 그러나 앞으로 직장생활을 할 때는 아무래도 대륙과 교류를 더 많이 하게 될 것이므로, 언어 뿐 아니라 사회도 경험해두면 좋다는 점을 염두에 둔다면 아무래도 대만보다는 대륙으로 가는 게 낫지 않을까 하는 것이 개인적인 의견이다. 물론 대만의 몇몇 대학에 강세가 있는 전공이 있어서 그 전공을 목적으로 간다면 예외가 되겠다. 대만은 경치가 좋고, 음식도 맛있고, 사람들이 대륙사람들보다 유하므로 관광하기에 좋다.

언제 갈까?

이 부분은 대학생들에게만 해당되는 이야기이다. 요즘은 꽤 많은 학생들이 중국 어학연수를 다녀오기 때문에 1,2학년인데도 중국어를 유창하게 하는 학생들이 많다. 특히 중문과 학생의 경우에는 나만 빼고 다 잘하는 것 같은 느낌이 들어서 부모님에게 얼른 중국 보내 달라고 보채게 된다. 하지만 정식 유학이 아니고 회화 실력 향상을 위한 어학연수라면, 남학생들은 우선 군대를 갔다 온 후에 중국에 가는 게 좋고, 군대를 가지 않는 경우라면 중문과의 경우에는 최소한 2학년 1학기를 마치고 가는 게 좋다. 타과생의 경우에도 학원 수업을 6개월은 듣고 가는 게 좋다.

영어의 경우 토익점수 300점대에서 어학연수를 떠난다면 700점대에서 돌아오게 된다. 하지만 700점대에 어학연수를 떠나게 되면 돌아올 때는 900점대 중반이 된다. 마찬가지로, 중국어 기초가 너무 없는 상태에서 어학연수를 떠나게 되면 중국어가 겨우 입에 익을 만한 때 돌아오게 된다. 취업을 염두에 두고 중국어를 배우는 경우라면 졸업까지의 시간이 너무 많이 남아 있어도 회화 실력 유지에 어려움이 있을 수 있으므로 기초 어법과 어휘를 습득한 후에 떠나고, 돌아와서도 학원 회화 수업이나 전화 중국어 등을 이용해서 실력을 유지해야 어학연수 기간을 헛되게 하지 않을 수 있다.

교환학생? 어학연수?

예전에는 어학연수나 정식 유학만 있었지 교환학생으로 중국에 가는 경우는 적었다. 하지만 요즘은 교환학생으로 갈 기회가 예전보다 훨씬 많아진 것 같다. 교환학생으로 가면 휴학을 하지 않아도 돼서 시간을 절약할 수 있는 면이 있지만, 학점 때문에 학과 공부에 시간을 많이 투자해야 해 중국어 회화 실력을 높이는 게 목적이라면 조금은 불리할 수도 있다.

교환학생으로 한 학기 갈 예정이라면, 상황이 허락한다면 교환 학기 뒤의 6개월을 휴학하고 어학연수 6개월을 마저 하고 오기를 권한다. 이렇게 하면 방학 기간까지 합치면 어학연수 기간이 8개월은 되고, 중국 체류기간이 1년은 되기 때문에 회화를 어느 정도 익히고 올 수 있다. 교환학생으로 한 학기만 체류하고 온다면 회화 실력을 높은 수준까지 올리기는 어렵다.

교환학생으로 1년을 갈 예정이라면 앞뒤 방학기간과 중간의 방학기간을 최대한 이용해서 중국 체류기간을 늘리고, 방학 때 되도록 한국에 들어오지 말고 방학 기간에는 오로지 회화에만 집중하도록 한다.

어학연수만을 위해 중국에 간다면 회화를 배우기에는 제일 적합하지만 구속력은 제일 적은 과정이므로 개인의 의지가 많이 필요하다. 매너리즘에 빠지지 않도록 중간중간 자신을 채찍질하는 계기를 만들어주면 좋다. 내가 어학연수를 갔을 때 27살의 일본 치과기공사 아가씨가 있었는데, bo, po, mo, fo도 배우지 않고 중국에 와서 7개월 만에 HSK 9급을 따고 일상회화를 제법 유창하게 하는 것을 볼 수 있었다. 한국인은 발음이 좋아서 전반적으로 일본인보다 중국어를 잘하지만, 한국인 중에서 어학연수를 그 일본 아가씨처럼 독하게 하는 경우는 아쉽게도 내 주변에서는 본 적이 없다.

수준에 맞는 코스를 선택한다

나는 입도 못 떼는 수준에서 오로지 필기시험을 잘 봤다는 이유로 고급반에 배정돼서, 어학연수 코스를 한 달 만에 포기하고 오로지 辅导 수업에만 의지해 나머지 어학연수 기간을 보냈다. 내 성향에는 더 적합했다고 생각하지만, 애초에 왜 맞는 반으로 옮겨볼 생각을 안 했나 하는 후회를 가끔 하기도 한다.

어언대학으로 고급단계 어학연수를 다녀온 학생들에게서 학교의 어학연수 코스 수업이 상당히 유익했다는 이야기를 꽤 들어서 어학연수 코스도 괜찮을 수 있다는 생각을 갖게 되었다. 자신에게 맞는 코스를 선택해서 학과 과정에 따라 열심히 따라간다면 좋은 결과를 얻을 수 있을 것이다.

학원 수업? 互相帮助? 辅导课?

예전에는 학교의 어학코스를 끝내면 1:1 수업을 하는 게 일반적이었지만, 요즘은 북경이나 상해 같은 대도시에서는 한국인을 대상으로 하는 학원에 다니는 게 보편적인 추세라고 한다. 북경의 지구촌 같은 학원은 커리큘럼이 좋다고 평이 나 있기도 하다.

개인적으로는 학원에 다니는 것보다는 1:1 수업이 좋다고 생각하지만, 의외로 많은 학생들이 중국에서 마음에 드는 1:1 교사를 찾기가 힘들다고 호소한다. 마음에 드는 1:1 교사를 찾기 어렵다면 잘 가르친다고 소문난 학원에 다니는 것도 차선책이 될 수 있겠다.

1:1 수업을 할 대상으로 互相帮助할 중국인을 찾는 경우가 많다. 개인적인 생각으로는 중국어 회화를 제대로 배울 목적이라면 互相帮

助보다는 정식 辅导수업이 낫다. 수업방식에 대해 이것저것 요구하기도 해야 하고 혹시 마음이 안 맞으면 바꿀 수도 있어야 하는데, 互相帮助는 친구로 사귀는 의미가 커서 이런저런 요구를 하거나 그만 하자고 말하기가 어렵다. 회화수업을 위해서는 정식으로 비용을 지불하고 辅导 수업을 하고, 중국인 친구를 사귀고 싶다면 따로 互相帮助를 하기를 권한다.

수업시간은 6시간 이하로

어학연수 코스를 밟는다면 기본으로 4시간은 수업을 듣게 되고, 여기에 매일 1시간 1:1 수업을 하면 된다. 예습 복습을 해야 하므로 이 정도면 충분하다는게 내 생각이다. 혹시 '중국까지 왔는데, 중국인을 더 만나야 하는 것 아닌가' 하고 생각이 든다면 1:1 수업을 두 명과 해도 좋겠다. 1시간은 준비해서 하는 수업으로, 1시간은 그냥 편히 이야기 나누는 수업으로.

열심히 준비해서 하는 수업은 공부를 잘하는 학생과 하면 좋고(현지 학생 가산점 제도가 있기 때문에, 같은 학교라면 타지 학생이 공부를 더 잘한다), 그냥 편히 이야기 나누는 수업은 되도록 북경이면 북경 학생, 상해라면 상해 학생, 이렇게 그 도시 출신의 학생과 하면 좋다. 편히 이야기 나누는 수업은 식사나 도시 구경을 겸해도 괜찮겠다.

학원을 다닐 계획이라면, 학원을 주3일 코스로 다니고 나머지 3일은 1:1 수업을 하기를 권한다.

1:1 수업 선생님 찾기

1:1 수업방식은 뒤에서 별도로 설명하겠지만, 1:1 수업 선생님으로는 주로 대학생들을 만나게 된다. 하지만 혹시 가능하다면 초등학교나 중고등학교 선생님과 할 수 있다면 제일 좋다. 중국의 학교 선생님들은 학교 수업이 그렇게 많지 않아서 충분히 시간을 낼 수 있고, 선생님이기 때문에 인내심도 있고, 발음도 정확하고, 숙제도 잘 내주고, 작문 교정도 잘 해주고, 가르치는 방법도 잘 알고 있기 때문이다.

국어 선생님이 제일 좋겠지만, 국사나 사회 선생님도 괜찮다. 퇴직한 선생님들은 시간을 자유롭게 사용할 수 있어서 더욱 좋다. 중국인에게 알아봐 달라고 하면 서로에게 좋은 일이기 때문에 쉽게 소개 받을 수 있다. 특히 주재원으로 나가게 되는 기자, 외교관 등 중국어를 정말 제대로 배워야 할 필요가 있는 사람들은 되도록 초중고 교사와 1:1 수업을 해볼 것을 권한다.

유학은 어떨까?

　우선 부모가 같이 가지 않는 조기 유학은 반대하는 편이다. 학원에 근무하며 방학 때 중국에서 들어오는 청소년을 많이 만나봤는데, 부모와 같이 가지 않은 경우는 생활 관리가 거의 안 되는 것 같은 느낌을 받았다. 가끔 정말 착실히 공부하고 생활관리도 잘 된 학생도 있었지만, 그런 학생 같은 경우는 한국에 있었으면 정말 영재 소리 들었겠다 싶은 예외의 경우였다. 고등학생까지는 아무래도 부모가 같이 가는 경우에만 중국에서 학교를 다니는 게 좋을 것 같다. 물론 전적으로 개인적인 의견이다.

　대학 유학의 경우 예전에는 주로 한국의 유명대학에 못 간 경우에 생각해보는 차선책에 해당했지만, 이제는 서서히 그 위상이 달라져가는 것 같다. 특히 자신이 원하는 전공을 선택해 그 전공과목이 유명한 학교에 진학하는 경우에는 대학 이름만 보고 가는 것보다 졸업 후 진로 선택에 도움이 많이 된다.

예전에는 중국에서 대학을 졸업한 경우 한국에서 대학을 졸업한 것보다 취업에서 불리한 경향도 있었고, 중국 현지에서 취업하면 한국으로 다시 들어오기 어려운 게 현실이었지만, 중국과의 교류가 활발해지고 중국 기업들의 한국 진출도 늘어나서 앞으로 중국 유학생들의 진로는 점차 다양해질 거라는 게 전문가들의 견해다.

문과와 경영대학으로 유명한 북경대학, 이공대로 유명한 청화대, 법대가 유명한 인민대 등은 세계적으로 인정받은 대학들이고, 이 외에도 항공대학의 이공대, 북경연합대의 관광학부 요리학과, 5대 미술대학의 판화학과, 혹은 3년제 대학들의 요리학과 등은 졸업 후 진로가 유망한 학과들로 해당 과목에 맞는 적성을 가진 학생들이라면 도전해볼 만하다.*

----

* 추천 대학 부분은 《한중일 청년을 말하다》, 《초강대국을 꿈꾸는 나라 중국 이야기》이 저자 신혜선 교수의 의견을 참고했다.

1:1 수업방식

1. 주제가 있는 교재를 사용한다.

2. 소리파일이 있는 교재를 선택한다. 없는 경우 만들어서 사용한다.

3. 제일 먼저 오늘 본문의 내용을 소개한다.

4. 본문 내용을 물어보는 세 가지 질문에 대답한다.

5. 본문 내용과 관련된 세 가지 주제에 대해 토론한다.

6. 주제 토론할 내용은 전날 미리 알려 달라고 한다.

7. 교사가 1:1 수업시간 내내 틀리게 말한 문장을 수정된 문장으로 적어주고, 성어 등의 참고 어휘도 적어줄 수 있도록 요구한다.

8. 생활 속의 소식 하나와 사회 뉴스 하나를 매일 간단히 준비해서 소개한다.

9. 수업이 끝나면 교사가 적어준 내용을 반드시 복습하고 일어난다.

10. 주제 토론을 하다가 이야기가 다른 데로 번지면 다양한 이야기를 나누어도 좋다.

교재

초급자라면 어학코스의 교재를 사용한다. 중급 이상이라면 스토리가 있는 교재를 사용한다. 고급 학습자라면 스토리 있는 교재(드라마 등)와 뉴스를 하루씩 번갈아 공부한다.

MBA 코스를 밟는 등 전공 유학을 위한 어학연수 중이라면 전공 교재로 하루, 드라마 등으로 하루, 이렇게 구성하면 좋다. 전공 준비를 위한 辅导课는 당연히 그 전공과목을 공부하기나 이수한 사람과 해야 한다.

소리파일

반드시 소리파일이 있는 교재를 사용한다. 기존의 소리파일이 있다면 제일 좋지만 없으면 만들어서라도 사용하도록 한다.

드라마를 교재로 사용한다면 영상을 다운로드한 후 'show' 등의 무료 변환 프로그램을 사용하여 소리파일을 만든다.

나는 북경에서 공부하는 기간 내내 〈读者〉라는 중국판 다이제스트

잡지를 교재로 삼았다. 글 한 편의 길이가 한두 페이지 정도고 주제도 다양한 데다 일상생활과 관련되어 있어 辅导 수업 교재로 사용하기에 안성맞춤이었다. 현재도 이 잡지가 발행되고 있고, 이제는 인터넷으로도 마음껏 볼 수 있어서 교재 마련은 예전보다 훨씬 편리해졌다. 인터넷에서 글 한 편을 다 복사해서 네이버 사전에 통째로 넣으면 단어도 한꺼번에 다 찾을 수 있다. 아쉽게도 잡지나 전공 교재 등에는 소리파일이 없지만, 요즘은 휴대폰의 녹음 기능도 상당히 좋으므로 辅导 선생님에게 녹음을 부탁해도 좋겠다.

수업 순서

① 复述

정해놓은 분량을 미리 공부하고 수업 시작하자마자 줄거리를 먼저 쭉 이야기한다. 교재의 내용을 자신의 언어로 재구성하여 말하는 것을 중국어로 '复述'라고 한다. 수업 전에 미리 혼자서 말해보고 굳이 적지는 않아도 된다.

복술을 하는 동안 틀린 부분은 고쳐서 써 달라고 하는 게 포인트다. 내 1:1 수업 선생님이었던 사천 여학생은 수업 시간 내내 손으로 적어주느라고 애썼지만, 이제는 어디서나 노트북을 사용할 수 있으므로 중국인이 틀린 문장을 고쳐서 써주기가 훨씬 수월해졌다.

틀린 문장을 전부 쓸 필요는 없고, 틀린 부분만 수정된 형태로 적어주면 된다. 예를 들어 내가 "我结婚他的时候, 我才23岁了"라고 말했다면, 선생님은 "跟他结婚 / 才23岁"라고 써주면 된다.

틀린 문장 수정 외에도 더 고급 표현을 알고 싶은 경우에는 써 달라고 부탁한다. 장황하게 설명한 부분을 더 간단하게 표현할 수 있다거나 그런 문맥에 딱 맞는 관용어가 있으면 수업 중간중간 계속 써 달라고 하면 된다.

선생님이 적어준 틀린 부분이나 관용어는 수업 끝난 후 반드시 큰소리로 두 번 이상 읽어본다. 모르는 부분이 있다면, 예를 들어 위의 문장에서 왜 '了'를 쓰지 않는지 모르겠다면 표시해 두었다가 다음날 물어본다.

② 본문 내용에 대한 질문 세 가지

선생님에게 본문 내용 중에서 세 가지를 물어봐 달라고 하고, 미리 예습한 내용을 기억하며 대답한다. 輔習 선생님이 틀린 부분을 고쳐서 써주고, 더 좋은 표현을 써주는 것은 輔習 수업 전체에 해당되는 과정이다.

③ 미리 내준 주제 세 개에 대한 토론

輔習 선생님에게 하루 먼저 진도를 나가서 그날 수업이 끝나고 돌아갈 때, 다음날 토론 주제를 3개 알려주고 가도록 요청한다. 수업 당일 본문 내용 숙지까지 끝난 후에는 어제 내준 3개의 질문에 대한 내 대답을 이야기하고, 이 부분은 일방적인 대답이 아니라 토론 형식으로 하면 더욱 좋다. 이야기를 주고받다 보면 새로운 주제가 계속 꼬리를 물고 생겨날 수도 있다.

④ 뉴스 두 개

매일 수업 시작할 때나 끝날 때 개인적인 일상 소식 하나와 사회 뉴스 하나를 소개할 수 있게 준비해둔다.

- 예①: 생활 뉴스 – 한 달 만에 머리를 손질했다.

　　　　사회 뉴스 – 기름값이 올랐다.

각각의 주제를 조금 더 상세히 설명할 수 있게 준비하면 더 좋다. 예를 들어 머리를 손질했다는 일상 뉴스에 대해서는 예전에는 집 근처 미용실에서 잘랐지만, 연예인 누구누구의 머리를 본 이후로는 인터넷 검색을 해서 그 미용실에 가서 머리를 한다든가 하는 구체적인 내용을 곁들인다.

유가가 올랐다는 사회 뉴스에 대해서는 유가가 오른 게 한국 사회에 어떤 영향을 미칠지 내가 말할 수 있는 범위 내에서 준비해서 말해본다. 유가가 오른다고 발표를 미리 하면 일찍부터 사재기에 들어가기 때문에 한국에서는 기름값 올리기 하루 전에 발표를 해, 유가 오르기 전날 저녁에는 주유소에 긴 줄이 선다는 등의 한국 상황에 대한 이야기를 할 수도 있겠다.

– 예②: 생활 뉴스 – 맛있는 빵집을 발견했다.

　　　　사회 뉴스 – IS가 벌인 것으로 추정되는 테러가 일어났다.

빵집에 대해서는 예전에는 ○○만 갔었지만, 동네에 효모빵집이 새로 생겨서 요즘은 그곳으로 가고, 럼주에 담근 베리를 넣은 빵이 제일 맛있다 식의 풍성한 이야기를 할 수 있는 만큼 준비해서 해본다. 이야기 내용이 풍성해질수록 표현법과 어휘가 느니 이런 훈련을 해봐야 회화 실력이 는다.

테러 뉴스에 대해서는 한국은 테러와 관련 없는 나라였지만, 요즘은 이슬람 지역과 인적 교류가 많아져서 한국도 안전지대 같지는 않다는 등의 이야기를 해봐도 되겠다.

이처럼 매일 새로운 소식 두 가지를 꾸준히 준비하도록 하고, 수업시간에 이 두 가지 뉴스에서 화제가 다른 곳으로 옮겨지면, 또 그 주제에 대해서도 열심히 이야기를 해본다.

〈수업 순서에 대한 구체적인 예 ❶〉

드라마로 수업을 한다고 하자. 오늘 드라마 내용이 맞선 봐서 결혼한 지 얼마 안 되는 부부가 싸우는 내용이었다고 가정해보자.

(1) 내가 오늘 분량의 드라마 내용을 소개한다.

(2) 선생님이 드라마 내용을 구체적으로 물어본다.

문제는 세 개 정도가 적당하다. 예를 들면 그들은 무슨 이유로 싸우게 되었는가. 싸운 후에 A는 어떻게 했는가. B가 A를 용서하지 못하는 이유는 무엇인가. 이런 것들을 선생님이 물어보면, 나는 드라마 내용에 근

거하여 대답하면 된다.

(3) 선생님에게 하루 전에 문제 세 개를 내달라고 부탁한다. 그 문제들은 나의 생각을 묻는 것이거나 사회 상황을 설명하도록 하는 것이면 좋다.

예를 들어 한국에서는 부부들이 주로 어떤 이유로 부부 싸움을 하는지, 맞선 봐서 결혼한 경우와 연애로 결혼한 경우를 주위에서 찾아서 소개하라든지, 나라면 부부 싸움할 때 어디까지는 봐줄 수 있고, 어떤 것만큼은 용인할 수 없겠는지 등등을 물어보고, 선생님이 오기 전에 그 세 개의 주제에 대해 어떻게 이야기할까를 생각해보고 소리 내어 말해본다. 즉흥적인 회화 실력을 높이려는 것이므로 내용을 굳이 적지 않아도 좋다.

답변을 하는 도중에 같은 문제에 대한 선생님의 의견을 물어볼 수도 있고, 중국에서는 어떤 면이 한국에서와 다른지를 서로 토론해봐도 좋다. 주제 토론까지 마친 후 일상 뉴스와 사회 뉴스도 짤막하게 하나씩 전달했는데도 시간이 남는다면 편하게 이런저런 이야기를 해도 좋다. 주제 토론을 하다가 이야기가 다른 곳으로 번진다면 자연스레 다른 주제로 넘어가도 좋다.

예를 들어 지진 뉴스를 주제로 輔导课를 하는 상황이라면:

(1) 내가 오늘 뉴스의 개요를 이야기한다.

(2) 선생님이 뉴스 내용을 구체적으로 물어본다.

문제는 세 개 정도가 적당하다. 예를 들면 ①언제, 어디서 일어났는지, ②지진 강도와 피해상황은 어떤지, ③대피는 어느 정도 진행됐는지 같은 문제를 물어보고, 나는 '진앙지, 지진 강도, 구조상황' 등의 새로 배운 단어를 최대한 활용하며 대답하도록 애써본다.

(3) 선생님이 하루 전에 내준 문제에 대한 답을 준비해서 대답한다.

예를 들어 지진을 겪어본 적이 있다면 경험을 소개하고, 없다면 다른 나라 지진 중 인상적이었던 것을 소개하자.

지진이 일어났을 때 대피하는 순서를 아는 대로 말해보라, 예전에 들었던 지진과 관련된 감동적인 이야기를 소개하라, 등의 문제를 뽑을 수 있겠고, 선생님이 오기 전에 이 세 개의 주제에 대해 어떻게 이야기할까를 생각해 소리 내어 말해본다. 회화 순발력을 높이려는 것이므로 굳이 적지 않아도 좋다.

답변을 하는 도중에 같은 문제에 대한 선생님의 의견을 물어볼 수도 있고, 중국의 지진 이야기를 청해서 들을 수도 있겠다. 주제 토론까지 다 하고도 시간이 남는다면 편하게 이런저런 이야기를 해도 좋다. 주제 토론을 하다가 이야기가 다른 곳으로 번진다면 자연스레 다른 주제로 넘어가도 좋다.

이 수업 방법은 왕초보를 제외한 누구나 사용할 수 있다.

★왕초보라면…

왕초보에게는 무엇보다 발음이 중요하다. 1시간 동안 辅导课를 한다면, 맨 처음에는 30분을 읽는 데 할애한다. 즉, 선생님이 읽는 것을 따라 읽고, 발음 교정하는 시간을 30분 갖고, 나머지 30분은 어학코스 교재에서 배운 문장을 단어만 바꿔서 계속 반복해서 연습한다. 예를 들어 '당신은 이름이 무엇인가요'를 배웠다면, 당신의 누나는 이름이 무엇인가요, 당신 친구의 이름은 무엇인가요… 등등으로 바꾸어 연습하고, 이를 계속 반복한다.

★왕초보를 막 벗어났다면…

읽는 시간을 점차 줄이고, 복술, 교재에 쓰인 문제에 답하기, 토론하기 등의 시간을 점차 늘려나간다. 더불어 생활뉴스를 매일 하나씩 소개할 수 있도록 준비해보자.

★辅导 선생님은 성의 있고 실력 있는 사람으로!

互相帮助를 하는 것보다는 辅导 선생님을 따로 두는 게 낫다는 이야기를 앞에서 했다. 친구는 바꿀 수 없어도 선생님은 바꿀 수 있다. 해 달라는 방식대로 해주지 않거나 성의가 없어 보인다면 정중히 인사하고 다른 선생님을 찾도록 하자. 다른 것은 다 좋은데 선생님이 뽑는 주제가 마음에 들지 않을 경우에는 토론 주제를 직접 뽑아도 좋겠다.

중국인과 섞여 생활해보자

가능하다면 한 공간에서 생활해보자

북경에서 어학연수를 할 때 회화 실력 향상에 조금 더 도움이 될까 싶어서 기숙사에 남편을 혼자 두고 한 달간 중국인 친구네 집에 나와서 산 적이 있다. 중국인이 어떻게 살아가는지를 가까이서 볼 수 있었던 좋은 기회였다. 북경의 胡同*에서 살아가는 평범한 북경 사람들의 모습을 볼

---

* 북경의 전통 골목

수 있었고, 아침 점심 저녁은 어떻게 먹는지, 어떻게 여가를 보내는지 가까이서 볼 수 있었다.

아직도 기억에 남는 것은 주인 할머니 댁의 점심식사 시간이다. 주인 집에는 할머니와 아들 둘, 며느리 둘, 각각 손자 한 명씩 총 7명이 살았다. 점심 시간이면 아들 둘이 직장에서 부리나케 돌아와 부엌으로 직행해서 점심을 만들고, 점심식사가 끝나면 며느리 둘이 설거지를 하고 다시 직장으로 돌아갔다. 우리네 같으면 어머니가 다 해놓고 기다렸을 텐데, 아들 둘이 점심을 만드는 동안 손자들과 줄넘기를 하던 할머니 모습이 참 인상적이었다. 실내에서 신발을 신는 것도, 아침을 거의 모든 집이 밖에서 사 들고 들어와 먹는 것도 재미있었다. 나중에 귀국한 후에 중국 드라마를 볼 때, 당시 경험이 드라마를 이해하는 데 큰 도움을 주었다.

예전에는 어학코스에 등록하지 않아도 관광 비자만으로도 일정 기간 머무를 수 있었다. 하지만 지금은 비자 수속이 많이 까다로워져서 어학코스에 등록한 만큼만 머무를 수 있다고 하고, 어학코스도 한두 달짜리는 거의 사라지고 세 달, 여섯 달 코스가 대부분이다. 물론 기숙사 생활을 하는 게 통상적이지만, 주말에 가끔 친구 집에 방문해서 하루 이틀 머문다든지 하는 게 불가능하지는 않을 것이다. 중국인 친구를 사귄 후

친구 부모님에게 허락을 얻어 며칠씩 머물러보는 것도 좋겠다. 우리와 중국인이 사는 게 얼마나 다른지 또 얼마나 같은지 알 수 있어서 재미있는 경험이 될 것이다.

중국인과 섞여서 뭔가를 배워보자

세일 쉽게 접근해볼 수 있는 건 영어학원이다. 대학생이나 직장인이라면 어차피 영어는 배워야 하므로, 중국에서 영어학원을 다녀보는 것도 좋다. 같은 화제를 가지게 되므로 중국의 젊은이들과 자연스럽게 대화를 할 수 있고, 그들이 무엇에 관심을 갖고, 무엇에 열심인지 알 수도 있고, 영어도 덤으로 배울 수 있다.

아니면 헬스클럽이나 수영장처럼 중국인이 자주 다니는 곳에 다닌다든지, 기공 같은 것을 배워봐도 좋다. 요즘은 인터넷이 발달되어 있어서 같은 취미를 가진 중국인들의 모임에 쉽게 합류할 수 있다.

학습시간 배분하기
-6개월에 1,000시간 공부해야 입이 트인다!

1. 공부시간을 기록하자.

2. 6개월에 1,000시간, 1년에 2,000시간을 목표로 공부한다. 참고로 일년은 8,760시간이다.

3. 주 6일은 수업 시간을 포함하여 하루 10시간씩 공부하자.

4. 일주일이 지난 후 공부시간을 결산하고, 목표 시간의 80퍼센트를 공부에 썼으면 만족하자.

5. 공부시간이 목표치의 80퍼센트가 되지 않으면, 어느 시간대를 조정해야 하는지 고민해보자.

6. 시간 기록은 하루를 마치는 때에 하지 말고, 매 시간마다 혹은 장소를 옮길 때마다 하자.

공부한 시간을 기록하자

《시간을 정복한 남자, 류비셰프》라는 책이 있다. 일상 속에서 어떤 활동을 하든 초단위까지 기록해서 인생을 알차게 살았다는 실존 인물의 이야기다. 모든 사람이 그렇게 살 수는 없겠지만, 어학연수를 하는 기간만큼은 조금 흉내를 내볼 필요가 있다.

생각해보면 알뜰하게 가정살림을 꾸려서 집안을 일으킨 주부 중에 가계부 적지 않은 주부는 거의 전무할 것이고, 10kg 이상을 감량한 사람 중에서 다이어트 하는 기간 동안 식단 기록을 하지 않은 경우도 별로 없을 것이다. 적는다는 것은 그 활동에 그만큼 신경을 쓴다는 것을 의미한다. 허투루 하지 않겠다는 의지의 표현도 될 뿐 아니라 실제로 새어나가는 부분이 있는지 체크하는 데 큰 도움이 된다. 단순히 '오늘은 많이 안 먹었는데…'라고 생각하는 것과 매번 뭔가를 먹을 때마다 적어 두고 하루를 마치며 검토해보는 것은 차이가 크다. 느낌으로는 많이 먹지 않은 듯해도, 적어놓고 보면 상당히 많이 먹은 것을 깨닫기도 하고, 영양 측면을 고려했을 때 너무 한쪽으로 치우치게 먹은 것을 깨닫게 될 수도 있다. 가계부를 적어야 충동구매한 비중을 알 수 있고, 다음엔 꼭 참아야지 하는 항목도 체크할 수 있다. 가계부며 식단을 평생 동안 매일 쓸 수 있으면 좋겠지만, 그렇지 않더라도 내 집을 마련할 때까지 혹은 목표한 체중에 이르기까지는 꼭 쓰는 게 목표 달성에 도움이 된다는 데는 이견이 없을 것이다.

공부도 마찬가지다. "열심히 했어요~"라고 말하다 보면 정말 내가 열심히 한 것 같은 생각이 든다. 하지만 실제로 기록해보면 그렇지 않은 경우가 많다. 기왕에 중국어를 열심히 하려고 중국에 왔다면, 그리고 중국에 있는 기간 동안 회화를 유창하게 하는 게 목표라면 하루 일과를 적어보자.

시작 시간과 끝마친 시간을 정확하게 기록한다

노트를 마련해도 좋고, 휴대폰이나 아이패드 같은 데 적어도 좋다. 전자기기를 이용할 경우 엑셀로 합계를 내기도 쉬워서 일주일 통계나 한 달 통계를 내기에도 편리하다.

기록할 항목은 학습의 종류(활동), 시작 시간, 끝마친 시간, 소요시간, 세부사항, 이렇게 5가지다. 날짜를 노트 맨 위에 적어야 하는 건 물론이다.

학습의 종류란, 수업을 들었는지, 1:1 수업을 했는지, 수업시간을 위한 예습 복습을 했는지를 적어 두는 것이고, 세부사항은 그 시간 동안 듣기를 했는지, 어휘 공부를 했는지, 섀도잉을 했는지 항목을 적어 두는 것이다. 그리고는 각각 얼마나 했는지도 적어 둔다.

중간중간 학습과 상관없는 시간들도 적어 두는 게 좋다. 식사, 이동, 쇼핑, 웹 서핑 등을 다 기록한다. 어학연수 기간 동안만 적는다고 생각하면 못할 것도 없다.

대학에서 어학연수 코스에 등록해서 수업을 들으면서 일주일에 3번은 근처 학원에 다니고, 일주일에 3번은 기숙사에서 중국인 대학생과 1:1 수업을 한다고 가정하고, 어떻게 시간을 쓰게 될지 최대한 이상적으로 적어보도록 하자.

<이상적인 시간표 ❶>

기본조건: 일주일에 3일 학원 수업, 3일 1:1 수업

○○년, ○○월, ○○일 : 학원 수업 있는 날

활동	시작	끝	소요시간	세부사항
수업	9:00	1:00	4시간	듣기 1시간, 독해 1시간, 회화 2시간
점심식사	13:00	13:30	30분	
커피	13:30	14:00	30분	기숙사 친구들과
이동	14:00	14:30	30분	학원으로
이것저것	14:30	15:00	30분	잡담
수업	15:00	17:00	2시간	학원수업
이동	17:00	17:30	30분	기숙사로 이동
이것저것	17:30	18:00	30분	세수, 가방 정리
저녁식사	18:00	18:40	40분	구내식당
이것저것	18:40	19:00	20분	과일, 양치
어학코스 복습	19:00	20:00	1시간	읽고 쓰고 숙제 30분 섀도잉 30분
어학코스 예습	20:00	21:00	1시간	단어 찾고 외우고 읽기
학원 복습	21:00	22:00	1시간	읽고, 숙제
TV 시청	22:00	23:00	1시간	듣기
공부시간			10시간	

〈이상적인 시간표 ❷〉

기본조건: 일주일에 3일 학원 수업, 3일 1:1 수업

○○년, ○○월, ○○일 : 1:1 수업 있는 날

활동	시작	끝	소요시간	세부사항
수업	09:00	13:00	4시간	듣기 1시간, 독해 1시간, 회화 2시간
점심식사	13:00	13:30	30분	
이것저것	13:30	14:00	30분	양치, 가방 정리
1:1 수업 예습	14:00	15:00	1시간	
1:1 수업	15:00	16:00	1시간	
1:1 수업 복습	16:00	16:30	30분	
휴식	16:30	17:00	30분	누워 있음
어학코스 복습	17:00	18:00	1시간	30분 셰도잉
저녁식사	18:00	18:40	40분	구내식당
이것저것	18:40	19:00	20분	과일, 양치
어학코스 예습	19:00	20:00	1시간	
HSK 공부	20:00	21:00	1시간	
휴식	21:00	21:30	30분	
신문 혹은 소설	21:30	22:00	30분	
TV 시청	22:00	23:00	1시간	
공부시간			**11시간**	

어떤가. 중간에 아무 일이 일어나지 않는다고 가정해야 공부할 수 있는 10시간이 겨우 나온다. 이 10시간도 실은 시간당 10분의 쉬는 시간과 TV시청 시간을 포함해서 꽤 너그럽게 계산한 것임을 알 수 있다. 실제로 어학연수를 하다 보면, 이렇게 하루 종일 기대한 만큼 꼬박 공부를 할 수 있는 경우는 정말 손꼽을 정도다. 친구들끼리 몰려서 시내에 나가기도 하고, 뭔가를 사러 돌아다니기도 하고, 감기에 걸려 누워 있기도 하고, 책만 보려고 하면 잠이 오거나 머리가 아프기도 할 것이다.

문제는 이 정도 공부해야 6개월 하면 어느 정도 말을 할 수 있다는 것이다. 이렇게 공부하지 않았는데도 6개월 지나서 유창하게 말을 할 수 있다면, 정말 유창한 건지, 그냥 용감하게 말만 하는 건지 생각해봐야 한다.

앞의 두 시간표는 머리 속에 그릴 수 있는 이상적인 시간표다.

자, 이제 실제 하루를 가감없이 적은 현실적인 시간표를 들여다보도록 하자.

기본조건: 일주일에 3일 학원 수업, 3일 1:1 수업

○○년, ○○월, ○○일 : 1:1 수업 있는 날

활동	시작	끝	소요시간	세부사항
수업	10:00	13:00	3시간	늦잠, 1교시 땡땡이
점심식사	13:00	15:00	2시간	친구들과 시내에서
서점, 문구점	15:00	16:00	1시간	
이동	16:00	16:30	30분	기숙사로
이것저것	16:30	17:00	30분	세수, 양치, 가방
1:1 수업	17:00	18:00	1시간	말하기
저녁식사	18:00	18:40	40분	
이것저것	18:40	19:00	20분	
어학코스 예습	19:00	20:00	1시간	듣기, 어휘, 읽기
저녁산책	20:00	21:00	1시간	
TV 시청	21:00	23:00	2시간	듣기
공부시간			**7시간**	

실제로는 이렇게 수업시간 다 합쳐도 7시간밖에 안 나올 경우가 많고, 그나마도 TV 시청 2시간을 모두 공부 시간으로 잡은 것이므로, TV 시청을 뺄 경우에는 5시간밖에 안 남는다. 그래도 이렇게 적어보지 않는다면 내가 어떻게 시간을 보냈는지 자각하기 어렵다. 따라서 정말 6개월 동안 1,000시간 이상 공부해서 입이 터지게 하고 싶으면 반드시 시간을 적어보는 게 좋다. 언뜻 계산하면 6개월이면 180일이 되므로, 하루 10시간씩 공부하면 1,800시간이 나올 것 같지만 절대 그렇지 않다.

학교에 정착하고, 정리하는 시간이 거의 한 달은 걸려 그냥 까먹게 되고, 일주일에 하루는 쉬고, 일주일에 하루 이틀은 예상치 못한 사연으로 계획대로 공부하지 못하고… 그러다보면 공부할 수 있는 날에는 꼬박 10시간을 채워 공부해야 6개월에 겨우 1,000 시간을 맞출 수 있다.

중국에 6개월 있었는데도 중국어가 별로 늘지 않은 채로 돌아오는 경우는, 위의 경우처럼 시간을 얼마나 그냥 흘려보냈는지 자각하지 못한 채 대충 하루 네다섯 시간씩 공부하고, 그것도 일주일에 하루 이틀은 빼먹다가 오는 경우이기 쉽다. 계산해보면 공부한 시간이 6개월에 총 5백 시간도 안 나올 수 있다. 그런데도 6개월 후에 말을 잘하게 된다면, 그저 자신만의 느낌에 잘하는 것이지 듣는 사람은 괴로운 중국어를 하고 있을 가능성이 높다.

6개월 있다가 빈 손으로 돌아가기 싫다면 되도록 첫 주부터 하루 시간표를 기록해보자. 아주 엄밀하게 적지 않아도 된다. 이것저것 다 적기 귀찮으면, 공부 시작 시간과 끝 시간만 적어도 된다. 그래서 하루가 지난 후 공부시간이 얼마나 되는지만 알 수 있어도 공부 방향을 어떻게 잡아야 할지 알 수 있다.

시간 기록은 미루지 않고 그때그때 한다

매일 종이 한 장을 가지고 쓰든지, 휴대폰에 쓰든지, 각자 자신에게 편하게 느껴지는 도구를 사용해서 한 가지 활동이 끝날 때마다 적고 그 다음 활동으로 옮겨간다.

하루를 마무리하는 시점에 적으려고 하면 정확한 시간도 기억나지 않고, 쓰는 게 부담스런 과제가 되어버린다. 하지만 수업시간이 끝나면서 적고 일어나고, 집에 도착해서 이동시간을 적고, 구내식당에 갔다가 일어나면서 슬쩍 적고 하다 보면, 적는 게 어렵지 않고 내용도 많지 않을 것이다.

혹시 하루 이틀 적지 못했다면 밀린 것을 기억해내서 적으려고 애쓰지 말고 생각난 순간부터 다시 적는다. 적지 않은 기간은 공부를 하지 않은 것으로 계산한다. 수업에 들어갔을 경우 수업 시간만 계산에 넣는다.

목표를 달성하지 못했다고 기죽지 말자

돌이켜 생각해보자. 우리가 언제 방학 전에 세워놓았던 방학 계획을 완벽히 마치고 개학을 맞이했는지, 우리가 언제 그렇게 복습을 완벽히 하고 시험을 봤던지 말이다.

목표를 가지는 것과 목표대로 하는 것 사이에는 어쩔 수 없는 간격이 있다. 개인적으로 좋아하는 말들이 있는데, '작심삼일도 백 번이면 일 년을 성공적으로 보낼 수 있다'는 항간의 말과, '나는 실패자가 아니라 오늘 새로 시작하는 사람이다'라는 링컨의 말이 그것이다. 목표가 있는 것과 없는 것은 너무도 다르다. 작심삼일 한 번으로 끝나는 것과 작심삼일이 끝날 때마다 다시 마음먹고 또 한 번의 작심삼일일지언정 다시 도전해보는 것은 역시 너무도 다르다.

오늘 특별한 일도 없었는데 공부시간이 10시간이 안 되는가? 표에는 솔직히 적지만 너무 가슴 아파하지는 말자. 다행히 우리에겐 내일이 있고, 그 내일에는 10시간 공부할 수 있을지도 모른다. 그리고 그런 날이 꽤 많을 수 있고, 결국에는 내가 나 자신을 굉장히 좋아할 수 있게 될 것이다.

하지만 그렇다고 마냥 풀어져서는 안 된다. 일주일이 지난 후 계산해보고 공부시간이 목표치의 80퍼센트가 되지 않았다면 긴장하자. 이렇게 가다간 그냥 돌아갈 수도 있다. 중국까지 갔다 와서 중국어를 못하면 이게 무슨 창피이겠는가. 내 청춘에도 미안한 일이다. 그렇다고 애초부터 목표를 하루 8시간으로 잡으면 안 된다 그렇게 목표를 잡았다간 결국엔 하루 평균 5시간도 못한다. 반드시 하루 10시간씩 공부해보겠다고 마음을 다잡고 해보자. 그리고 일주일 평균, 한 달 평균이 8시간으로 나오면 스스로에게 만족하자.

꼬박 열심히 공부했는데도 매일 8시간밖에 공부할 시간이 안 나온다면 시간 배정을 조정해보자. 오전 9시 이전의 시간에 1시간 정도 공부할 시간을 더 넣을 수 있고, 학원까지 왔다 갔다 하는 이동 시간이 너무 많이 걸린다는 생각이 들면 학원에 다니는 것보다 1:1 수업 1시간으로 바꾸는 게 나을 수도 있다.

<공부 시간 계획>

1. 매주 분야별 공부시간을 계산해보자. 듣기, 말하기, 어휘 등이 치우치지 않았는지 체크한다.

2. 주 5일은 듣기, 말하기, 읽기 등의 모든 분야를 고르게 공부한다.

3. 매일의 학습 일정 중 어학코스 수업 4시간, 섀도잉 30분, 1:1 회화 1시간은 반드시 지킨다.

4. 토요일은 자기가 좋아하는 방식으로 편식하며 공부해도 좋다.

5. 일요일은 쉰다.

6. 학교 수업이 없는 날은 시내 구경이나 영화관람, 여행을 하자.

7. 자투리 시간을 잘 이용하자.

❶ 주 5일은 골고루 공부한다

일주일 동안 기록을 잘 했다면 일주일이 지난 후에는 자리잡고 앉아서 내가 어떻게 공부했는지를 검토한다. 수업 내용을 예습, 복습한다고 읽고 쓰기만 하지는 않았는지, 듣기 연습한다고 TV만 본 것은 아닌지, 수업을 제외하고는 일주일 내내 HSK 문제집만 푼 것은 아닌지 체크해봐야 한다. 한 가지 공부에 치우쳐 있다면 과감히 고쳐야 한다. 일반적으로 어휘와 읽기는 열심히 하는 반면, 듣기와 말하기는 의외로 적을 수 있고, 읽기와 듣기를 할 때 단어를 먼저 찾아보는 경우가 많다. 어휘와 읽기, 쓰기의 비중을 적당히 낮추고, 듣기와 말하기 비중을 높이도록 하고, 무엇을 읽거나 듣기 전에 단어를 먼저 찾아보던 습관이 있으면 즉시 고치도록 한다. 모르는 상태에서 먼저 읽고, 들어본 후에 단어를 찾고 공부를 시작해야 한다.

❷ 토요일은 자신이 좋아하는 방식으로 공부한다

나는 어려서부터 드라마를 좋아했고, 지금까지도 그렇다. 애석하게도 결혼 전에는 엄마가, 결혼 후에는 남편이 내가 드라마 보는 것을 너무도 싫어해서 내 드라마 인생은 그다지 평탄치 못했다. 중국에 있던 2년 동안 제일 아쉬웠던 점이 주옥 같은 한국 드라마들이 내 인생으로 들어오지 못하고 흘러가버렸다는 것이니 내 드라마 사랑이 어느 정도인지 알 수 있을 것이다.

지금도 드라마를 교재로 학원 수업을 진행해서 수강생들은 어려워하기도 하지만 가르치는 나는 늘 즐겁다. 중국에 있던 2년이 오래도록 행복한 기억으로 남은 것은 여러 가지 이유가 있겠지만, 중국어를 공부한다는 이유로 드라마를 실컷 볼 수 있었던 것도 그 이유 중 하나다. 특히 토요일에는 6시간씩 한 드라마를 본 적도 많았다.

중국에는 일주일치의 TV 프로그램을 소개하는 〈电视报〉라는 신문이 있다. 〈电视报〉를 잘 연구하면 한 드라마를 이 채널 저 채널 돌려가며 보고 또 보고 할 수 있다. 난 특히나 봤던 드라마를 또 보는 것을 좋아하는데, 나중에 생각해보니 반복학습의 효과도 높았던 것 같다. 여러 번 본 드라마를 녹음해서 밤에 틀어놓고 자면, 어감이 생생하게 살아 있는 대사 자체가 그대로 뇌에 가서 박히는 느낌이 든다.

누구나 자신이 좋아하는 학습방식이 있을 것이고, 많은 경우 일주일 내내 그 방식을 쓰기도 하겠지만, 만약 그 방식이 대부분 쓰고 사전 찾고 문제 풀고 하는 것이라면 회화에서 멀어지기 쉽다. 그러므로 주 5일은 조금 재미없더라도 짜인 계획표대로 듣기, 어휘, 읽기, 말하기를 골고루 공부하고, 수업이 없는 토요일에는 자신이 제일 좋아 하는 방식으로 공부하자. 토요일만큼은 온종일 사전을 찾아도, 온종일 글자 쓰기를 연습해도 말릴 사람 없다. 활동적인 사람이라면 중국인 친구와 온종일 시내 구경을 해도 좋겠다.

❸ 수업은 되도록 빠지지 말자

학교 수업을 빼먹지 않아야 하는 것은 물론이다. 때로는 수업이 별 영양가 없는 것 같기는 해도 일정한 시간에 일어나도록 해주므로, 특별히 구속될 것 없는 어학연수 기간에 규칙적인 생활을 유지할 수 있도록 해주는 제일 효과적인 장치가 바로 어학코스 수업이다. 또 매일 꾸준히 진도를 나가고, 여러 과목이 골고루 균형 잡혀 있고, 다른 이들의 중국어가 늘어가는 것을 보며 자극도 받을 수 있어서 수업 내용 이외의 것들도 어학연수에 많은 도움이 된다. 북경어언학원의 고급단계 코스처럼 어학코스 자체가 영양가 있는 내용으로 채워져 있다면 더욱이나 수업에 빠져서는 안될 것이다.

❹ 하루 2시간은 입을 움직이자

하루에 공부를 10시간 한다고 하면, 이 중 2시간은 반드시 바쁘게 입을 움직여야 한다. 특히 30분의 섀도잉 시간은 다른 모든 개인 자습 시간에 우선한다. 일요일을 제외하고 공부 계획이 있는 모든 날에 새도잉 30분을 제일 먼저 배치한다. 1:1 회화도 되도록이면 하루에 한 번, 학원을 다녀서 시간이 안 남는다면 최소한 이틀에 한 번은 해야 한다. 강제하지 않으면 입을 움직일 일이 없다. 그냥 우물우물 교재 읽는 정도로는 회화 연습이 되지 않는다.

❺ 자투리 시간을 활용하자

실제로 활동한 내용을 시간표로 만들어서 기록해보면 이동 시간, 어영부영한 시간이 의외로 많음을 알 수 있다. 가방 정리나 양치질 등으로 기숙사 방 안에서 왔다 갔다 하는 시간이라면 TV를 틀어놓고 할 수 있겠고, 학원에 가느라고 교통수단을 이용해서 이동한다면 그 시간에 소리파일을 들어도 좋겠다. 친구를 기다리거나 버스를 기다리는 시간에는 언제나 가방에 가지고 다니는 단어장을 들여다볼 수 있겠고, 화장실에 앉아 있는 시간에는 그날의 외울 문장 5개를 외워도 좋겠다.

❻ 일요일은 쉰다

일주일 하루는 쉬고, 자고, 먹고, 놀자. 활동적인 사람이라면 중국인 친구와 놀러 다녀도 좋겠고, 혼자 있기를 즐기는 사람이라면 일요일만

큼은 원없이 혼자 있자. 일주일의 스트레스가 다음주로 넘어가지 않도

록 다 풀어주고 가도록 한다.

중국어를 배우려면 연애를 하라고?

1. 중국인과 연애하면 중국어를 자연스럽고 빠르게 배울 수 있는 것은 사실이다.

2. 연애는 종종 결혼으로 이어진다는 점도 간과해선 안 된다.

3. 결혼은 사소한 성격 차이만으로도 불행해지기 쉽다. 여러 가치관의 차이가 있는 국제결혼은 더욱 조심스러울 수밖에 없으니 신중해야 한다.

4. 동성의 중국인과 1:1 수업을 하면 훨씬 더 넓은 영역의 어휘를 습득할 수 있다는 장점이 있다.

전에 있던 학원에서 나는 다른 한국인 강사들과 종종 세대차이를 느끼곤 했다.

예를 들면 이런 것들이다. 중국인 강사 부부가 있었는데, 남편이 아내에게 오늘 입은 옷이 예쁘다고 칭찬해주려면 한국어로 어떻게 말하냐고 물어본 적이 있다. 옆의 한국인 동료 강사가 "오늘 너 옷 참 예쁘다"라고 가르쳐줘서 내가 펄쩍 뛰면서 "오늘 당신 입은 옷이 참 예쁘네요"라고 고쳐줬다가, 우리끼리 한참 뭐라고 알려주는 게 좋을까 의논한 적이 있다.

또 한번은 우리 반 남학생이 중국으로 어학연수를 간다기에 농담 반 진담 반으로 중국 가서 중국 아가씨하고 연애하지 말라고 했더니, "A선생님은 중국 가서 여자친구 사귀면 중국어 금방 는다고 꼭 여자친구부터 사귀라고 했는데요?"라고 말하는 것이 아닌가. 강사실로 돌아와서 또 우리끼리 한참 이 문제로 토론했던 기억이 있다.

물론 연애를 하는 것만큼 빨리 언어를 배울 수 있는 방법도 없을 것이다. 하지만 언어를 배우자고 연애를 하는 것도 순수하진 않은 것 같고, 또 사귀다 보면 딱 언어가 늘 만큼만 사귀게 된다는 보장도 없지 않은가. 연애를 하면 결혼하게 되는 경우도 많은데, 물론 한국인과 중국인이 결혼하면 두 가지 언어가 다 자유로위지는 측면이 있어서 일하는

데 서로 많은 도움이 되기도 한다. 내 주위에도 두 가지 언어가 다 가능해 서로 윈윈인 가정도 많이 있지만, 문화적인 차이로 어려워하는 경우가 더 많은 것 같다.

같은 환경에서 자라 결혼해도 성격 차이로 힘들 수 있는 게 결혼생활이다. 하물며 문화배경이며 가치관이 많이 다를 수 있는 국제결혼은 더욱 신중해야 할 것이다. 사실 내가 좋아하는 탕웨이도 한국인과 결혼해서 행복하게 살고 있으니 그저 나의 노파심에 불과할 수도 있다.

통계 이야기를 하나만 더 해보자. 중국인 여자와 한국인 남자는 별로 이상적인 조합이 아닌 듯하고, 중국인 남자와 한국인 여자는 그래도 괜찮은 조합인 것 같다. 중국에서는 남자들도 가사일을 많이 담당하므로, 중국 남자와 한국 여자가 결혼했을 경우에는 서로 대접받는 듯한 느낌을 가지고 살 수 있는 데 반해, 한국 남자와 중국 여자가 결혼했을 경우에는 가사 분담에 있어서 현실은 언제나 서로에 대한 기대치보다 못하기 때문에 서로 대접 못 받는 결혼생활을 한다고 느끼게 되기 쉽다.

노파심을 제외하고 그저 학습 효과 측면에서만 이야기를 해보자면, 동성의 輔導老師일 경우에 훨씬 더 자유로운 대화가 가능하고, 더 넓은 영역의 어휘 습득이 가능하다.

예를 들어 같은 여성이라면 오늘은 생리여서 몸이 안 좋아서 수업 준비를 잘 못했다든지 하는 말도 할 수 있고, 중국인은 생리통이 심할 때 어떻게 하는지 등의 주제로 辅导 수업을 할 수도 있어 생리통 관련 어휘를 다양하게 배울 수 있다. 또한 화장법이라든지 옷 고르는 법 등의 일상 전반에 대한 관심사를 나눌 수 있다. 여성의 사회생활에 대한 구체적인 이야기도 각자의 어머니를 예로 들어 토론을 해볼 수도 있고, 연애에 대해서도 어떤 남자가 멋있다고 생각하는지, 어떤 남자를 별로라고 생각하는지도 허심탄회하게 이야기할 수 있다.

같은 남자라면 자잘한 근육을 만들려면 어떤 동작을 하면 좋은지, 동작 자체를 중국어로 설명하는 법을 배울 수도 있을 것이고, 한국의 군대와 중국의 병영 실습의 차이를 서로의 경험에 비추어 설명하고 관련 어휘를 배울 수도 있을 것이다.

함께 헬스클럽에 다니거나 운동을 같이 하거나 집에 가서 며칠씩 머물러 보거나 다른 지역으로 여행을 며칠씩 같이 다니는 것도 동성인 辅导老师를 만났을 경우에 더 쉽다.

중국어와 중국 문화
-언어를 배우면 자연스레 문화도 배우게 된다

1. 언어를 배우면 자연스레 문화도 배우게 된다.

2. 열린 마음으로 다양한 문화를 경험해보되 자아는 흔들리지 않아야 한다.

3. 좋은 문화는 받아들이고, 지양할 것은 지양하자.

4. 성실한 일상과 겸허한 인간성으로 민간외교를 해도 좋겠다.

오래 전 이야기이긴 하지만 한국에서 10년 이상 거주한 외국인들을 대상으로 한 조사 결과를 신문에서 본 적이 있다. '한국에서 10년 이상 거주하니까 본인의 어떤 점이 달라진 것 같은가?'라는 질문에 답한 것을 통계 낸 것이다.

조사 결과에서도 1위를 하고 내게도 제일 기억에 남았던 것은 별 특별한 이유도 없는데 일본이 싫어진다고 답한 것이다. 사실 프랑스 사람, 이탈리아 사람 등이 일본이 싫을 이유가 뭐가 있겠는가. 그런데 한국에 오래 거주하다 보면 어느샌가 일본이 싫어진다고 한다. 모두 10가지 정도의 답이 신문에 실렸는데, 또 하나 기억나는 것은 차를 후진시키면서 "오라이~, 오라이~" 하는 자신을 발견할 때, '아, 내가 한국에 오래 살았구나' 하고 생각한다고 했다. 이도 참 웃긴 일이다. 미국인이 본토 발음을 버리고 한국어로 '오라이~' 하는 장면을 생각해보라. 거의 개그의 한 토막감이 아닌가.

이처럼 언어를 배운다는 것은 언어를 배우는 것에서 그치지 않는다. 언어를 배우는 것은 당연히 그 나라 사람들과 교류하기 위해서이고, 그러다 보면 자연스레 그 나라 사람들의 생각이며 문화에 젖어들게 마련이다.

어느 날 나는 辅导교재로 쓰던 〈读者〉라는 중국판 다이제스트 월간지에서 丁聰이라는 만화가 기사를 읽게 되었다. 유력한 문학잡지의 편집부장으로 일하던 그는 문화대혁명의 물결에 휩쓸려 40세의 나이에 하얼빈의 개간지역으로 보내져서 20년의 세월을 허비한 후에 60세가 되어서야 돌아왔다. 그때 동료들은 전부 퇴직할 나이가 되어 있었고, 이제 돌아와서 어떡하냐는 동료들의 탄식에 丁聰은 웃으며, "20년 더 살면 되지" 하고 대답했다고 한다. 내가 북경에 있던 시기에 그는 벌써 80대 초반이었고, 그때도 활발하게 활동하는 현역 만화가였다. 자신의 말대로 남들보다 20년 더 일하고 있었다.

중국인들에게는 우공이산愚公移山이 그저 우화가 아니다. 중국의 시골을 여행하다 보면 사람들이 망태기에 흙을 담아서 어깨에 메고 정말로 산을 이쪽에서 저쪽으로 옮기고 있는 것을 볼 수 있다.

북경의 명소인 이화원도 사실 평지의 흙을 옮겨 산을 만들고, 평지인 땅을 파서 강 같은 호수를 만든 게 아닌가. 우리가 흔히 자학하듯 말하는 냄비근성을 중국인에게서는 확실히 찾기 어려웠다. 서른이 넘은 나이에, 나로서는 꽤 절박한 느낌으로, 초조해하면서 떠난 어학연수에서 만화가 丁聰을 알게 된 것은 정말 큰 행운이었다. 아, 나도 남들보다 십년 더 일하면 되지, 십 년 더 건강하게 살면 되지, 하고 스스로를 위로하고 아직 늦지 않았다고 안심했던 따뜻한 기억이 있다.

91세에도 현역 만화가!

한참 시간이 지나서 중국어 강사로 일하던 어느 날, 채널을 돌리다가 중국 TV를 보게 되었다. 건강하게 노년을 보내는 노인 몇 명을 소개하는 프로였다. 중국에 있을 때 중국 노인들의 여가활동을 워낙 부러워하며 보았던 기억이 있어서 채널을 고정시키고 잠시 시청하고 있었는데, 갑자기 만화가 丁聪을 소개하는 것이었다. 그때 그는 벌써 91세였는데도 아직 현역으로 일하고 있었다. 조금 과장되게 말하면 돌아가신 할아버지를 만난 듯 반가웠다. 세상에, 91세에도 현역 만화가라니….

그 프로그램에서 丁聪을 인터뷰하고 한 마디로 내렸던 결론이 아직도 잊히지 않는다. "总之，他心态好。" 조금 풀어서 이야기하면, 자기 마음을 다스릴 줄 안다는 것이다. 긍정의 힘이라고도 말할 수 있겠다. 나는 그것이 중국의 또 하나의 힘이라고 해석했다.

내 중국생활을 이야기하자면 빼놓을 수 없는 사람이 있다. 바로 우리 부부의 辅导선생님이었던 대학생 못쯔이다. 우리는 늦은 나이에 후배들을 따라 수속을 하고 어학연수를 떠나서 북경에 도착한 지 열흘이 되도록 辅导교사도 찾지 못하고 우왕좌왕하고 있었다. 어린 학생들은 교

내에서 흔히 헌팅이라고 하는 과정을 통해서 각자 한 명씩 輔导 선생님을 구했지만, 남편은 그럴 주변이 없었고, 나는 그럴 만한 중국어 실력이 되지 못해서 우리는 그냥 교재만 들여다보고 하루 종일 둘이 밥 세 끼만 챙겨먹고 있었다.

우리가 나온 대학은 선후배 관계가 끈끈하기로 유명한 곳이었는데, 나는 북경에서 이 말의 실체를 경험하게 되었다. 우리 부부와 함께 연수를 갔던 15명의 후배들이 열흘 정도 輔导 수업을 해본 후에 그 중에 제일 잘 가르치는 여학생을 우리 부부에게 소개를 해준 것이다. 이렇게 이야기해서 미안하지만, 약간 상납의 느낌을 받았다.

그렇게 소개 받은 여학생 룻쯔은 내게 중국어와 성실이라는 덕목을 가르쳐주었다. 영문과였지만 어려서부터 다져진 탄탄한 문학적 소양으로 고급 중국어를 구사했을 뿐 아니라, 외국어를 배운 경험이 있으므로 같은 외국어 학습자인 내 느낌을 충분히 공감해주었다. 스물한 살이라는 어린 나이에도 놀라운 성실함으로 나를 감동시켰으니, 내게 있어 그보다 더 훌륭한 선생은 없었다.

대학을 다닐 때까지만 해도 나는 성실함과는 거리가 멀었다. 공부 대충 하고 시험 점수 받는 것을 자랑으로 아는, 실은 그러다가 늘 큰 코 다치는 엉터리였다. 서른이 되면서 남들이 가진 성실함의 힘을 조금씩 부러워하긴 했지만, 막상 그 성실함이 내 것이 되도록 감명을 받은 적은 없는 것 같다. 그런데 뭇쯔이와 공부하던 2년 조금 안 되는 시간 동안, 뭇쯔은 딱 한 번 수업에 오지 않았는데, 그 날은 1미터 앞이 안 보이도록 황사가 심한 날이었고, 우리로서는 그녀가 당연히 오지 않으리라고 생각했다. 헌데 그날조차도 뭇쯔은 기숙사에서 자리에 못 앉고 쩔쩔맸다고 한다.

같이 공부한 지 1년이 넘어가던 어느 날, 내가 어떻게 그렇게 성실할 수 있냐고 묻자, 뭇쯔은 깜짝 놀라면서 자신은 한 번도 그렇게 생각해 본 적 없다고, 자신은 그저 평균적인 중국인일 뿐이라고 대답했다. 물론 뭇쯔의 겸양이었지만, 뭇쯔의 그 말에 중국인들이 전반적으로 성실할 수도 있겠다는 생각을 한 것도 사실이다.

뭇쯔의 영향으로 나는 조금씩 성실해졌다. 요즘은 나를 꽤 성실한 사람으로 보는 이들도 가끔 있어서 깜짝깜짝 놀라곤 한다. 혹시 그런 면이 조금이라도 생겼다면 그건 전적으로 뭇쯔 덕분이다. 스스로 평가하기에 내 인생은 중국에 갔다 온 것을 기점으로 나뉜다고 생각하는데, 그것은 중국어 때문이 아니라 내가 하루 24시간을 대하는 태도 때문이라고 생각한다.

어느 나라나 배울 만한 점이 있고, 배우지 않으면 더 좋을 점도 가지고 있다. 특히 중국인에게는 대국의 정서가 깊이 자리잡혀 있어, 한국인과 사회 이슈나 역사 문제를 보는 관점에는 알게 모르게 큰 차이가 있다. 중국어를 배울 때도 스폰지처럼 중국의 모든 것을 받아들일 게 아니라 기름종이처럼 거를 건 거르고, 내 것이 되게 할 것은 내 것으로 만들자.

공부한다면 그들처럼
4장

인풋 아웃풋의 법칙
-서태지와 스테이지

나는 영어는 잘 못하지만 비교적 개인 시간이 많았던 중국 회사 근무 시절, 회사 옆 서점에서 영어학습법에 관한 책을 서른 권 정도 읽은 적이 있다.

그 중에 아직도 기억나는 '인풋 아웃풋 법칙'이 있는데, 외국어 학습을 1,000시간 정도 하면 아웃풋이 생기기 시작한다는 거였다. 하지만 세상은 그렇게 공평한 것이 아니므로 여기에도 예외가 있는데, 이 법칙은 30세 이하, 여성 그리고 경상도 출신이 아닌 경우에만 해당된다는 거였다. 이런 예외조건이 하나 추가될 때나나 약 500시간 정도의 학습시간이 더 필요하고, 개별적인 차이에 따라 심지어는 그보다 더 필요할 수도 있다고 했다. 중문과 재학시절, 경상도 출신 남학생들이 중국어 발음과 사투를 벌이던 것을 기억해보면 상당히 설득력 있는 이론이었다.

발음 열등생이 발음 능력자로!

중국 회사를 그만두고 강사로 처음 일하던 시절에 나는 늘 그 법칙을 기준으로 학생들을 바라보았다.

한번은 중국 공장으로 발령이 나서 두 달 후에 가야 한다는 53세의 경상도 남자분이 등록을 하셨다. 그분을 제외한 다른 열 몇 명의 학생들은 모두 20대의 서울 학생들이었다. 나는 당연히 그분을 마음에서 제쳐 두었다. 나의 기대(?)에 부응이라도 하듯, 그분은 우리 반에서 제일 발음이 형편없는 학생이었고, 나는 안타깝기는 했지만 그분을 위해 특별히 애쓰지는 않았다. 그런데 어느 정도 시간이 지나자 그분이 20대의 다른 학생들을 따라잡더니, 그 달 말에는 우리 반에서 제일 잘하는 학생이 되어 있었다. 그렇게 우리 반에서 제일 잘하는 학생인 채로 한 달을 더 공부하고 정해진 시간이 되어 중국으로 출발한다고 하셨다.

1단계 두 달 과정이 끝나는 날, 우리 반 학생들은 그분을 위해 진심을 담아 박수를 쳤다.

"제가 실은 이러이러한 법칙을 읽은 적이 있어서 선생님은 발음을 따라오기 힘들다고 생각했는데, 어떻게 이렇게 잘하게 되셨나요? 굉장히 궁금합니다. 저희에게 좀 알려주십시오"라는 내 질문에 이렇게 대답하셨다. "제가 제 악조건을 잘 알아서 집에 가면 꼼짝도 않고 꼭 세 시간씩 발음을 따라 했습니다. 카세트 플레이어 세 개를 망가뜨리면 외국어 하나를 마스터한다는 이야기를 들은 적 있는데, 저는 벌써 며칠 전에 플레이어 하나를 망가뜨렸습니다"라고 대답하셨다.

(카세트 플레이어라는 기기가 사라진 지 오래지만, 나의 초보 강사 시절을 떠올리게 하는 추억의 단어다.)

스테이지가 서태지로!

"선생님의 노력으로 제가 학생들에 대한 선입견을 깰 수 있게 되었습니다. 정말 감사합니다" 하고 인사를 드렸더니, 그분은 오히려 내게 감사하다면서 자신의 승전담(?)을 전해주었다. 경상도 발음에서는 '으' 발음과 '어' 발음이 그다지 분명히 구별되지 않아서, 자신이 '서태지'라고 하는지 '스테이지'라고 하는지 아내와 아이들도 구별을 못했다고 한다. 헌데 며칠 전 이십 년을 같이 산 아내가 "여보, 당신 이제 서태지 발음이 깨끗해요!"하며 놀랐다면서 다 선생님 덕분이라고 하는 것이었다.

어떻게 하면 이 감사를 전할 수 있을까, 버려지지 않을 선물이 없을까, 며칠 고민하던 끝에 골랐다면서 건넨 선물이 나의 남편 넥타이였던 게 또 하나의 반전이었던 이 53세 경상도 출신 공장장은 초보 강사였던 내가 편견 없이 학생들을 볼 수 있게 해준 너무도 감사한 반전의 예다.

남들보다 불리하다면, 조금 더 하면 된다. 슬프게도 남들보다 많이 불리하다면, 그래도 괜찮다. 남들보다 훨씬 더 많이 연습하면 된다. 언젠가 중국어를 할 줄 알게 되었을 때, 중국인은 "얼마 동안 배워서 이렇게 말할 줄 아냐"고 묻지 않는다. 그들은 그저 우리가 중국어를 할 줄 아는지, 할 줄 모르는지에만 관심 있다.

❶ 발음 학습 단계에서는 인강(인터넷 강의)은 부교재로만

어법과 HSK는 인강으로도 훌륭하게 공부할 수 있지만, 발음은 반드

시 실제 강의로 배워야 한다. 아무리 바빠도 발음 단계에서만큼은 인강을 부교재로만 사용하자.

❷ 복습 시간이 부족하다면 1단계를 두 번 듣자

요즘은 빠르게 배우는 게 대세인 듯하다. 하지만 시험점수 제출용이 아니라 회화를 목적으로 중국어를 배우는 것이라면, 특히 발음 단계에서는 빠른 게 절대 좋은 게 아니다. 복습을 충분히 할 수 있는 상황이 아니라면, 1단계를 개근했더라도 한 번만 더 듣자. 길고 긴 중국어 인생에 1개월은 결코 아까운 시간이 아니다.

"중간에 그만두는 법을
배우지 못했습니다"

평소 나는 직장인 수강생에게는 늘 선택이 가능하기만 하다면 사내 출강보다는 학원 수업을 들으라고 권한다. 학원은 본인 돈이 나가고, 본인 시간이 투자되는 것이기 때문에 학생들의 집중도가 출강과는 비교 자체가 불가능하다.

정말 좋은 직장에 다녀서 사내출강과 학원 수강료 지원, 두 가지 제도가 다 있다면 반드시 학원 수강료 지원을 받으라고 권한다. 최소한 시간만큼이라도 내 것을 써야 아까워서 더 열심히 하게 되기 때문이다.

인상 좋은 대기업 상무님의 반전

나는 학원에서는 꽤 환영 받는 강사였으나 출강에서는 그렇지 못했다. 출강에서도 학원에서처럼 교재 텍스트를 다 외워오라고 하고, 매 수업시간마다 전 시간에 배운 것을 외워보라고 했더니 처음에는 20명씩 들어왔던 반도 한 달만 지나면 한두 명만 남곤 했다. 이런 나도 출강에서 환영 받은 적이 한 번 있었는데, 대기업 G사의 한 부서와는 1년이나 즐겁게 공부를 했다.

그 팀은 총 6명이었고, 대부분 30, 40대의 대리, 과장, 부장이었다. 헌데 의외로 50대 중반쯤으로 보이는 상무님이 한 분 계셨다. 나는 인간관계의 범위가 넓지 않고 상당 부분 드라마를 통해서 인간을 이해했기 때문에 그 상무님의 첫인상은 참 의외였다. 내가 상상한 대기업 상무는 시진핑 주석처럼 부드러운 미소를 띠고 있을지언정 눈빛은 매섭고, 그 앞에 서면 왠지 속을 읽힐 것 같은 그런 분위기였는데, 그 상무님은 그저 마음 착한 평범한 어른으로만 보였다.

대리며 과장, 부장은 분명히 앞으로 업무에서 중국어를 쓸 일이 있을 터였지만, 국내 업무 담당 부서의 상무님은 앞으로 중국어를 사용할 일이 별로 없어 보였고, 본인도 취미로 배우는 거라고 이야기를 했다. 나는 속으로 '상무님이면 접대도 많고, 회의도 많을 텐데, 3,4개월 정도는 나오시려나?' 하고 생각했다.

공부보다 중요한 것

그런데 그 상무님은 특별한 일이 아니면 거의 안 빠졌고, 심지어는 혼자 나오는 경우도 종종 있었다. 혼자 나오는 날이면 강사가 기운 빠질까 걱정하셨는지 묻지도 않은 팀원들의 사정을 하나하나 이야기해주었는데, 늘 이런 식이었다.

"우리 제일 똑똑한 A는 어제 바이어 접대가 있었고, 일을 제일 잘하는 우리 B는 지방 출장 중이고, 제일 성격 좋은 우리 C는 대학원 시험이 이번 주에 있고…" 그 말 속에서 느껴지는 진심은 왜 이렇게 평범한 인상을 가진 분이 해외 주재원 출신 아닌 직원으로는 처음으로 상무가 되고, 오로지 그 상무님이 있다는 이유만으로 부서를 옮겨오고 싶어 하는 직원이 있는지 이해할 수 있게 했다. 이제는 그 대기업의 부사장님으로까지 승진하셨다니, 소식을 전해 듣는 것만으로도 내 일처럼 기뻤다.

늘 시작만 하는 사람들에게

상무님은 내게 중국어를 배우고, 나는 상무님에게 인품을 배우며 1년을 즐겁게 공부하고, 이제 더 높은 단계로 올라가기 위해서 원어민 강사로 바뀌는 시점이 되었을 때 나는 상무님에게 이렇게 말했다.

"외람된 말씀이지만, 전 상무님이 중국어와 관련된 업무가 없어서 제일 먼저 그만두실 줄 알았습니다."

그러자 상무님은 이렇게 대답했다.

"부끄러운 말씀이지만, 제가 중간에 뭘 그만두는 법을 배우지 못했습니다."

끝을 보는 사람만이 가질 수 있는 쾌감

반대로, 나는 서른아홉 살에 중국어 어휘사전을 출간하기 전까지 무엇 하나 제대로 끝까지 해본 적이 없다. 난 늘 흥분해서 시작하고, 괴로워하면서 중간에 포기했다. 시험도 범위 끝까지 공부하고 치른 적이 없고, 노트도 미지막 페이지까지 써본 적 없고, 헬스클럽 1년 회원권을 끊고 두 달 넘게 다녀본 적도 없다.

서른아홉 살에 처음으로 뭔가를 끝까지 해낸 이후로 차츰 끝을 보는 쾌감을 알아가는 중이지만, 나는 아직도 끝낸 일보다는 시작만 한 일이 훨씬 많다.

난 지금도 가끔 그 상무님의 대답을 혼자 되뇌곤 한다.

아직 한 번도 내 말로 써먹진 못했지만, 나도 언젠가는 누군가의 칭찬에 이렇게 대답할 것이다.

"부끄러운 말씀이지만, 제가 중간에 뭘 그만두는 법을 배우지 못했습니다"라고.

"**통역대학원**은 연령제한이 있나요?"

중국어 학원의 수강생 구성을 살펴보면 대학생과 직장인이 반반쯤 되고, 그 다음은 의외로 중고등학생이 아니라 퇴직한 분들이다. 특히 내가 일하는 강남은 생활에 여유가 있는 분들이 많아서 그런지 그 비중이 조금 더 높은 듯하다.

생각해보면 공부가 제일 즐거운 여가생활이라는 걸 안다는 것은, 그만큼 평생 뭔가를 공부하는 일을 그치지 않았다는 뜻이므로 퇴직한 분들이 중국어 공부를 하러 오면 기본적으로 잘하리라는 믿음이 든다. 특히 독해 부분에선 '生活'이나 '平安'같이 쉬운 한자들도 못 읽어서 외국어 배우듯 외우는 젊은이들에 비해 월등히 뛰어난 실력을 보인다.

나이 있는 수강생들의 약점

하지만 나이가 있는 분들에겐 치명적인 약점이 있는데, 바로 발음이다. 중국어 발음이 생경하기도 하고, 한자 독음을 많이 안다는 게 때로는 독이 되기도 해 중국어 발음과 한자 독음을 섞어서 읽는 경우가 비일비재하다. '生活'는 '성후워'로 읽어야 하는데, 많은 분들이 '성화'라고 읽고, 기차라는 뜻의 '火车'는 '후워츠어'로 읽어야 하는데, 이 역시 많은 분들이 '화차'라고 읽는다.

'아이고, 이래서야 중국인과 의사소통이 될까' 싶을 때도 많다.

그리고 많은 분들이 중국어를 실제 업무에서 쓰려고 배우는 게 아니라 여가생활로 배우는 것이기 때문에 발음이 정확하지 않아도 고치려는 노력은 별로 하지 않는다. 읽어서 이해가 가고, 들어서 이해가 가고, 여행 가서 불편 없고, 그 정도면 만족해한다.

성조 발음이 유난히 정확했던 64세 수강생

그런데 나와 함께 공부할 때 벌써 64세였던 A 수강생은 성조와 발음이 얼마나 정확한지 대학생들도 놀라곤 했다. 본문을 외워오라는 숙제는 한 번도 건너뛴 적 없고 작문 숙제도 꼬박꼬박 해왔다.

"어떻게 성조 발음이 이렇게 정확할 수 있으세요?" 하고 물으면, "선생님들이 하라는 대로 그냥 하는 건데요" 하며 얼굴을 붉히곤 했다.

우리 학원 종로 캠퍼스에는 중국어를 35년 이상 가르친 왕필명 선생님이 근무하고 있다. 발음 교정을 엄격하게 하고, 외워 오라는 분량이 많아서 어지간한 사람은 못 버틴다고 소문난 수업이지만, 학원 수업 중에서는 한국에서 정통 중국어를 배울 수 있는 거의 유일한 수업이다.

물론 중국어를 배울 때 꼭 정통 중국어를 하는 사람에게만 배워야 하는 것은 아니다. 거꾸로 생각해보자. 요즘 한국 어디를 가도 "곰보빵은 천 원이시고요, 크림빵은 천이백 원이십니다", "교재는 만오천 원이십니다" 이런 말도 안 되는 한국어를 많이 들을 수 있다. 처음에는 이 엉뚱한 '~시' 때문에 머리가 아프기도 했지만 이제는 그러려니 하고 지낸다.

외국인이 한국어를 배운다고 할 때, "곰보빵은 천 원이시고요~"라고 말하는 사람을 따라다니면서 배운다고 해도, 얼마든지 유창한 한국어를 배울 수 있다. 한국에서 사는 데 전혀 지장 없다. 하지만 혹시 정말 정통 한국어를 배우고 싶다면, 제대로 된 한국어를 구사할 줄 아는 사람을 찾아가야 할 것이다.

배움에 나이란 없다

가끔 욕심나는 수강생이 있을 때, 이 사람 같으면 중국어를 제대로 배워보면 좋겠다는 생각이 들 때, 왕필명 선생님의 수업을 추천한다. A 수강생에게도 "종로라서 좀 멀지만, 그래도 한번 정통 중국어를 배워보지 않겠습니까" 하고 추천해 종로로 가시게 했다. 그후 나와의 인연은 끊어졌지만, 가끔 왕필명 선생님 수업과 내 수업을 같이 듣는 학생들에게서 간간히 A 수강생의 소식을 전해 듣곤 했다.

"우리 반에 성조 발음 굉장히 좋은 할아버지가 한 분 계신데요. 어제는 어떤 남자 대학생이 본문 3번 써오라는 숙제를 교재를 보면서 열심히 베끼고 있었는데, 그분이 그러시는 거예요. '본문 써오라는 숙제는, 본문을 외운 후에 확인해보는 차원에서 써야지, 교재를 보면서 쓰면 별로 효과가 없는 거야'. 그래서 그 남학생도 민망해했지만 저도 뜨끔했어요."

주로 이런 내용들이다. 중간에서 그런 말을 전하는 학생들은 그 발음 좋은 할아버지가 내가 보낸 학생인 줄은 몰랐겠지만, 그런 이야기를 들을 때마다 난 혼자 빙그레 웃곤 했다. 가장 마지막으로 전해들은 이야기는 이렇다.

"그 발음 좋은 할아버지가 오늘은 왕필명 선생님에게 이렇게 질문을 하시더라고요. '선생님, 동시통역 대학원에 입학하려면 연령제한이 있나요?' 와, 너무 대단하지 않아요?"

정말 멋지지 않은가. 마음속으로지만 나 혼자 강남에서 A수강생에게 파이팅을 보냈다.

"그녀가 돌아오길 기다려요"

A는 얼굴이 하얗고 예쁘장한 직장인이었다. 늘 제일 먼저 와서 앉아 있고, 어쩌다 발음이 틀리면 얼굴이 붉어졌다. 성실하고 예뻐서 정이 가는 스타일이었지만 특별히 눈에 띄거나 좌중을 휘어잡는 마력의 소유자는 아니었다.

그 시절 내가 있던 학원의 기초코스는 1년 과정이었다. 각 코스 강사들은 달이 바뀔 때마다 본인 반에서 올라가는 수강생들에 대한 정보를 다음 반 강사에게 전해주곤 했는데, 그 과정에서 A가 기초코스 1년을 새벽반으로 나오면서 개근했다는 걸 알게 되었다. 직장인이 새벽반을 하루도 안 빠지고 나온다는 것은 있을 수 없는 일이다. 회식도 있고, 야근도 있고, 몸이 아플 때도 있고, 눈이나 비가 심하게 와서 집에서 나오기 싫을 때도 있을 테니 말이다.

한 사람이 전파하는 긍정 에너지

A가 기초코스를 마치고 27살의 나이로 멀쩡히 잘 다니던 회사를 그만두고 중국으로 어학연수를 떠난 지 이삼 개월쯤 후였다. 복도에서 처음 보는 아저씨 수강생이 내게 인사를 해왔다.

"A의 선생님이셨죠? 저는 A가 일하던 회사 사장입니다. 말씀 많이 들었습니다. 반갑습니다."

"아, 예, 반갑습니다, 중국어 배우세요?"

"예, A가 중국어를 하도 재미있게 배워서 지금은 A가 근무하고 있진 않지만, 우리 회사에서 이 학원 다니면서 중국어를 배우게 된 직원들이 꽤 있어요. 저를 포함해서요."

"아, 그러시군요."

"A는 우리 회사에서 제일 성실한 직원이었습니다. A가 회사를 그만

둘 때, 어학연수를 마치고 와서는 중국어 쓰는 회사로 갈 가능성이 많다고 얘기했지만, 우리는 자리를 비워 두고 있습니다. 언제라도 A가 돌아오게요.”

본인이 없는 자리에서 진심을 담아 나누는 A에 대한 덕담은 다람쥐 쳇바퀴 도는 듯한 기계적인 일상에 묻혀 있던 나에게 그 후로도 한동안 촉촉한 자양분이 되었다.

자신에게 엄격해질 수 있는 새벽반

짐작컨대 A와 함께 했던 중국인들은 한국인에 대한 신뢰가 커졌을 것이고, A가 다이어트를 하면 몇 명쯤은 그녀를 따라서 진짜로 살을 뺐을 것이며, A가 댄스를 배우면 그 회사에 댄스 열풍이 불었을 수도 있다. 그렇게 A는 지금도 이 사회의 어느 한 구석을 조금씩 바꿔나가고 있을 것이다.

대학생들은 주로 오후반이나 저녁반을 다니지만, 어쩌다 새벽반으로 교차수강을 오게 되면 아예 새벽반으로 다니라고 한 번씩 권하곤 한다. 사람은 아침형과 저녁형으로 나뉜다지만, 언어 습득에 있어서만큼은 새벽반이 절대적으로 유리하고, 새벽반을 오래 다니는 사람들은 자신에게도 엄격해 결국 성공적인 인생을 살게 된다는 게 A 같은 새벽반 수강생들이 내게 준 교훈이다.

"성가대를 가르쳐보고 싶어요"

누구나 노력하면 중국어를 잘할 수 있지만 학습 능력 같은 개개인의 조건들이 학습 기간이나 목표치에 도달하기 위한 노력의 양에 많은 영향을 미치는 게 사실이다. 이 개인적인 조건 부분에 있어서 굉장히 대조적이었던 두 수강생이 기억난다.

초보 강사 시절, 1단계를 가르칠 때였다. 열 명 정도의 수강생이 있는 반이었는데, A 수강생은 그 중 중간 정도 수준이었다. 하지만 수업시간에 빠지거나 숙제를 거르거나 하지 않았으므로 꾸준히 하면 충분히 잘할 수 있는 수강생이었다. 상당히 성실한 수강생이었는데, 그 달 중간쯤에 결석을 했길래 마음에 걸려서 전화를 해보았다. 그때 A 수강생의 대답을 나는 아직도 잊을 수 없다.

한문학 박사의 고민

A 수강생은 한문학 박사라고 했다. 그전에 한 번도 중국어를 배워본 적은 없지만, 언젠가는 중국어를 배울 거라고 생각해왔고, 중국어를 배우기만 하면 자신이 당연히 제일 잘할 거라고 생각해왔다는 것이다. 그런데 방학을 맞아 막상 벼르던 공부를 시작하고 보니 한문 실력과는 상관없고, 열심히 해도 그저 반에서 중간 정도의 수준이라는 게 견디기 힘들다고 했다.

아, 이런 어려움도 있을 수 있구나, 나는 순간 몹시 당황했다. 당시 내가 초보 강사여서 그분에게 발음 습득 기간만 잘 넘기면 고급으로 갈수록 한문 실력이 많은 도움을 줄 거라고 격려하지 못한 게 지금까지도 아쉽다.

A 수강생은 그 후 중국어 학습을 계속 했을까? 잠시의 좌절을 떨치고 계속 해나갔기를 기원한다. 나중으로 갈수록 분명 그의 한문 실력이 빛

을 발했을 것이기 때문이다.

절대음감이라면 중국어를!

이와 대조적인 경우도 있다. B 수강생은 무척 조용한 학생이었지만, 중국인 강사들 사이에서는 굉장히 유명한 수강생이었다. 우리는 B 수강생을 절대음감이라고 불렀다. 피아노를 전공으로, 중국어를 부전공으로 하는 학생이었는데, 1단계부터 4단계까지 1년간의 과정 동안 중국인 강사들이 한 번도 성조 교정을 해준 적이 없다. 음악을 따라 하듯 들리는 음을 그대로 짚어서 말하니까 틀릴 일이 없었다. 경성 처리며 복합 방향 보어의 높낮이며 하는 복잡한 것들도 단 한 번도 틀린 적이 없다.

얼핏 생각하면 피아노 전공자는 중국어와 너무도 거리가 멀어 보이고, 한문학 박사는 거의 중국어 박사나 마찬가지일 것 같지 않은가. 하지만 실상은 중국어 회화에서는 피아노 전공자가 훨씬 더 유리하다.

중국어에 대한 몇 가지 오해

중국어에 대한 여러 가지 오해 중에 한자를 많이 알면 잘하고, 한자를 잘 모르면 중국어도 잘 못할 거라는 편견이 있다. 고급으로 갈수록 한자 실력이 큰 도움이 되기는 하지만, 중급 회화까지는 한자 실력은 별로 관계가 없다. 오히려 노래를 잘하는 사람들이 제일 유리하고, 피아노 등의 악기를 다루는 사람이 유리하고, 영어를 잘하는 경우에 도움이 많이 된다. 똑같은 외국어여도 일본어는 크게 도움이 되지 않는다. 음폭이 크지 않기 때문이다. 영어처럼 음폭이 넓은 외국어를 해본 경험이 있는 사람들은 중국어의 성조에 어색해하지 않는다. 노래하듯 따라 하면 잘할 수 있는 게 중국어다.

나는 강사로서 한 가지 뜬금없는 소망을 가지고 있는데, 성가대에게 중국어를 한 번 가르쳐보고 싶다는 게 그것이다. 성가대는 분명히 중국어를 잘할 거라는 확신이 있다. 수강생이 중국어 하는 것을 들어보면, 그 사람의 노래 실력을 대충 알 수 있다. 나는 노래를 잘 못하지만, 고음이 어려워서 그렇지 솔까지는 문제없다. 중국어는 1성이 솔 정도의 높이이므로 내게는 천만다행인 셈이다.

중국어를 학문이라고 생각하지 말자. 노래라고 생각하자. 사실 노래

와 많이 비슷하다. 계속 따라 하고, 음이 조금이라도 틀리면 창피해하
고, 악보에 따라 느낌을 살려 부르려고 노력하면 절창이 된다.

진인사대천명

난 어느 순간에라도 하고 싶은 것, 먹고 싶은 것이 있다. 내 눈에는 그렇지 않은 사람들이 신기해 보이지만, 평소에 별로 하고 싶은 것, 먹고 싶은 것이 없는 사람들 눈에는 내가 신기해 보이기도 하는 것 같다.

하지만 막연히 '하고 싶다'고 생각하는 것과 '해내는 것' 사이에는 얼마나 멀고 험한 길이 있는지….

직장 그만두고 세계일주하고 싶다고 생각하는 것과 실제로 그렇게 하는 것, 아이는 많을수록 좋나고 생각하는 것과 실제로 서너 명 낳아 기르는 것, 결혼 후에 부모님 모시고 살면 효도하고 좋지 하고 생각하는 것과 실제로 모시고 사는 것….

　이렇게 하고 싶은 것과 실제로 그렇게 하는 것 사이가 먼 것들을 이야기하자면 밤을 새도 모자랄 것이다. 내게도 막연히 '하고 싶다…'고 생각하던 일을 실천에 옮겼다가 실컷 고생했던 경험이 하나 있다.

HSK 11급 받는 것보다 어려운 중국어 메뉴판

　요즘은 북경, 상해 등지에서는 대부분의 음식점에서 사진이 들어간 메뉴판을 보면서 음식을 주문할 수 있지만, 내가 어학연수하던 시절만 해도 외국인이 많이 거주하는 북경어언대학 근처의 五道口 정도에서만 사진 있는 메뉴판을 볼 수 있었다.

　군대에 다녀온 사람들 누구에게나 PX에 관한 추억 하나씩 있는 것과 마찬가지로, 그 당시 중국으로 연수나 유학을 갔던 사람들은 누구에게나 화장실과 메뉴판에 관한 웃지 못할 경험담이 있게 마련이었다. 아무리 작은 음식점이라도 최소 백 가지 정도의 메뉴가 쓰여 있고, 메뉴판을 펼치면 네 글자, 네 글자씩으로 된 음식 이름이 몇 페이지씩 나열되어 있어, 음식명을 보고 음식을 시켜먹는다는 것은 HSK 11급 받는 것보다 훨씬 어려웠다. 그래서 대부분 늘 시켜먹던 걸 먹고, 남들이 먹어

보란 것들을 먹게 마련이었다. 아무거나 시켰다가 특이한 냄새가 나는 음식이 나왔다거나, 탕수육 접시만 한 접시에 돼지비계만 그득 담겨 나왔다거나, 이것저것 시킨다고 시켰는데 나중에 나온 걸 보니 닭다리, 닭껍질 튀김, 닭고기 조림 등 온통 닭요리만 나왔다거나 하는 등등의 무용담(?)은 한국 유학생들과 주재원들의 주요 화제였다.

누가 메뉴판 좀 번역해주면 좋겠다고 늘 생각했는데, 중국어 어휘사전을 내고 출판사와 연락이 있게 된 후로는 그 누군가가 나일 수도 있겠다는 생각이 들어서 출판사에 중국요리 메뉴판의 요리 이름을 번역한 책을 내면 안 되겠냐고 제안을 했다. 역시 중국에서 메뉴판 때문에 고생한 경험이 있던 출판사 직원들의 공감을 얻어 사진만 있다면 출간할 수 있다는 답변을 얻게 되었다.

신이 난 나와 중국인 저자는 출판 후에 받게 될 원고료 200만 원 전부를 중국에 있는 지인에게 보내어 대표적인 중국요리 300개의 사진을 찍어서 보내달라고 했다. 저작권이 걸린 문제였으므로 사진은 모두 새 것이어야 했다. 사진을 모으는 과정은 의외로 순탄치 않았으나 우여곡절 끝에 북방 요리 사진은 얼추 모았는데, 남부에는 지인이 없어서 그런 부탁할 사이는 전혀 아닌, 여러 다리 건너의 누군가에게 상해 음식 사진을 부탁했다. 헌데 이분은 너무 황송하게도 보수 한 푼도 받지 않고 상어

지느러미*까지 사 먹어가며 사진을 찍어서 보내주었다.

음식 이름 맞추기

사진이 거의 모였다고 생각했더니 이제는 饺子, 油条 등의 가장 기본적인 小吃 사진이 하나도 없었다. 이번엔 중국에 주재원 부인으로 나가 있는 예전 수강생에게 연락을 했다. 그 수강생은 오늘 내일 출산할 만삭의 몸으로 추운 겨울에 거리에 나가 油条, 包子 등을 사다가 사진을 찍어서 보내주었다.

어렵게 사진을 다 모았더니 중국인 저자인 동료 강사가 한국을 떠나 미국으로 유학을 가게 되었고, 유학 가기 전 중국으로 잠시 돌아가 아버지 병상을 지키는 한 달 동안 요리책의 중국어 부분을 완성해서 보내주었다. 원고료 한 푼 받지 않고 해준 일인 것을 생각하면 역시 너무 미안한 일이었다.

이렇게 많은 사람들에게 민폐를 끼치고 드디어 최종 원고가 내 손으

＊ 상어 지느러미 요리는 행여라도 내 책을 보고 사먹는 사람이 있을까봐 책에 싣지 않고 싶었으나, 비싼 요리를 본인 돈으로 사 먹고 사진을 보내준 분의 성의를 생각해서 결국 책에 실었다. 이 책을 만드는 과정 중에서 유일하게 마음에 걸렸던 일이다.

로 들어왔을 때, 난 너무도 당연하게 내가 바로 번역해서 출판사로 넘길 수 있을 줄 알았다. 내가 할 일은 뭐 넣고 뭐 넣고 볶는다, 맛은 짜다…, 이 정도의 번역을 하는 것뿐이었기 때문이다.

그런데 생각지도 못한 복병이 있었다. 중국어로는 미역과 다시마가 똑같이 '海带'이고, '黑鱼'를 사전에서 찾아보면 우럭과 가물치가 같이 나온다. 갓김치 말린 것과 우거지가 '干菜' 한 단어로 쓰이고, '螺'를 찾으면 우렁, 다슬기, 소라, 고둥이 다 나온다. 이런 게 5개 정도면 그 요리는 책에서 빼면 되겠지만, 이런 식으로 내가 해석할 수 없는 게 50개나 되었다. 요리 사진은 있었지만, 요리된 상태로 있는 시커먼 생선이 우럭인지 가물치인지, 퍼렇게 삶긴 채소가 갓인지 우거지인지 알 방도가 없었다. 일하는 곳이 중국어 학원이므로 내 주변은 온통 중국인이었으나, 그 요리들을 아는 사람은 많아도 그 재료의 한국어 이름을 아는 사람은 없었다.

예상치 못한 난관이었는데, 설상가상으로 출판사에서 연락이 왔다. 6개월 기한으로 계약한 책이었는데 벌써 2년이 지났으므로, 일주일 내로 원고가 도착하지 않으면 출판 계획을 취소하겠다는 통지였다. 돈도 돈이지만, 너무도 많은 사람에게 폐를 끼치고 여기까지 온 것이어서 나는 꼭 책을 출판해, 책이 나왔다고, 너무 감사했다고 인사를 해야 하는 처지였다.

최후 통지를 받은 날은 월요일이었다. 그때 우리 학원은 밤 10시에 문을 닫았는데, 나는 저녁 8시에 내가 할 수 있는 일을 다 마쳤다. 심지어 2차, 3차 교정에서 할 일까지 다 마치곤 컴퓨터 앞에 가만히 앉아 있었다. 더 이상 할 수 있는 일이 없으니 그저 최선을 다한다는 의미로 출판사에서 준 기한인 금요일까지 컴퓨터 앞에서 매일 밤 10시까지 앉아 있으리라, 이렇게 생각했다.

노력한 다음, 기다리는 일

1시간쯤 앉아 있었는데, 누군가 나를 찾아왔다. 2년 전쯤 연락이 끊긴 성어 스터디 멤버로, 밤 9시에 뜬금없이 들국화 한 다발을 들고 날 찾아와서는 "괜찮아요?" 하고 인사를 해왔다. 그렇지 않아도 답답하던 나는 그녀를 붙들고 한바탕 하소연을 쏟아냈다. 나로선 그저 하소연이었지 뭘 기대했던 건 아니다. 이야기를 다 마친 내가 "누구 나 좀 도와줄 사람 없을까요?" 했을 때, 그녀는 뜻밖에도 "있어요"라고 대답하는 거였다. 그녀가 일하는 엠파스 한중 번역팀에 얼마 전 인턴으로 25세의 아가씨가 들어왔는데, 아버지는 중국인, 어머니는 한국인이고, 요리는 주로 아버지가 하신다고 했다. 그 다음날로 그 아가씨에게 원고를 보내어 일주일 만에 50개를 깔끔하게 번역하고, 애초에는 엄두도 못 냈던 한국인 선호도 표시까지 더해서 출판사에 넘길 수 있었다. 참고로, 나를 괴롭혔던 그 검은 생선은 사천요리이므로 민물고기인 가물치라고 했다.

더 신기한 것은 내 지인(이제는 절친한 친구가 된)이 그 아가씨의 신상을 파악한 게 바로 그 월요일 낮의 인턴 환영 점심 모임에서였고, 그 아가씨는 그 회사에 두 주만 더 있다가, 그러니까 내 원고를 일주일 동안 수정하고, 일주일 동안 교정을 봐준 후에 다른 회사에 정식으로 취직이 되어 떠났다는 것이다. 정말 기가 막히지 않은가.

그 후로 나는 뭔가 일이 꼬이고 잘 안 풀릴 때마다 내가 할 일을 다했는지를 먼저 생각한다. 내가 정말 띄어쓰기까지 모두 손보고, 마침표까지 찍으면, 그 다음은 하나님이 알아서 해주신다는 게 내가 그 일을 통해서 얻은 믿음이다. 신앙이 없는 독자라면 진인사대천명이라는 말을 떠올려도 좋겠다.

사방이 벽 같을 때, 나갈 구멍이 없을 것 같을 때, 내가 할 일을 정말로 다했나 한 번만 돌아보자. 정말 다했는데 일이 안 풀리는 거라면, 그 일은 안 되는 게 내게 좋은 것이다. 내가 할 수 있는 마지막 일까지 다했다면, 그리고 그 일이 내게 일어나야 좋은 거라면, 나머지는 하늘이 알아서 해준다.

중국어 회화학습법

초판 발행	2017년 7월 14일
글쓴이	이형란
펴낸이	엄태상
펴낸곳	시사중국어사
등록일자	1988년 2월 13일
등록번호	제1-657호
주소	서울시 종로구 자하문로 300 시사빌딩
주문 및 내용문의	1588-1582
팩스	(02)3671-0500
홈페이지	www.sisabooks.com

ISBN	979-11-5720-084-9 13720

＊이 책의 내용을 사전 허가없이 전재하거나 복제할 경우 법적인 제재를 받게 됨을
  알려 드립니다.
＊잘못된 책은 바꾸어 드립니다.
＊책값은 뒤표지에 있습니다.